여기에 물이 있다(2)

성서일과와 묵상

한희철 지음

여기에 물이 있다(2)

꽃자리

목차

4

5

"생명의 샘이 주님께 있습니다"

우리는 지금 터널의 어디쯤을 지나고 있는 것일까요? 길고 두려웠던 터널, 어디선가 빛이 보이는 것 같기도 하니 터널의 끝이 아닐까 싶기도 하지만 여전히 조심스럽습니다. 이런 시간이 올 것이라고는 짐작조차 하지 못했고 이런 시간을 어떻게 보내야 하는지 전혀 알지 못했던 지난 시간 때문입니다. 오히려 자명했던 것은 우리의 무지와 무능, 지금의 시간을 단정 짓는 것은 또 하나의 경솔함이라 여겨집니다.

코로나19의 시간은 낯설고 고통스러웠습니다. 이제껏 경험해보지 못한 미답(未踏)의 시간이었습니다. 눈에 보이지도 않는 바이러스로 인해 일상이 멈춰서고 뒤틀리고 달라졌으니 말이지요. 당연하다 여겼던 많은 것들이 실상은 그렇지 않았음을 아프게 배웠습니다.

코로나19는 우리의 신앙생활에도 지대한 영향을 미쳤습니다. 신앙의 중심축처럼 자리를 잡았던 예배참석이 코로나의 상황에 따라 불규칙해졌고, 심지어는 예배에 참석한다는 것이 위험하게 여겨지기도 했습니다. 예배도 예외가 아닙니다. 교우들은 물론 설교를 하는 목사도 마스크를 쓰고 예배를 드립니다. 처음으로 마스크를 쓰고 설교를 할 때 마음 깊이 찾아들던 자괴감을 잊기 어렵습니다. 느닷없이 마주한 상황에 대책 없이 지고 있다는 무력감이 컸습니다.

비대면 예배, 비대면 성찬식, 예전에는 생각도 못했던 말이 어느새 익숙해졌습니다. 성경공부나 소모임은 아직도 조심스럽습니다. 식사를 하며 즐겁게 누리던 성도의 교제가 끊긴지도 오래 되었고, 사회의 그늘진 곳을 살피던 봉사의 발길도 뜸해졌습니다.

예배에 참석하고 교회에 가는 것을 큰 낙으로 삼았던 어른 세대는 무엇으로 그 허전함을 채울지 몰라 마음이 우울합니다. 코로나로 인해 세상을 떠나는 어른들도 적지가 않습니다. 사회적 시선 때문이라고는 하지만 청장년 세대의 예배 불참이 두드러졌고, 그러다보니 자녀들도 덩달아 예배에서 멀어졌습니다. 예배 참석인원이 줄었고, 헌금도 평소와 차이가 납니다. 일자리를 잃어버린 교우들도 적지가 않습니다.

하나님은 하나의 문을 닫으실 때 우리가 모르는 문 하나를 여신다고 합니다. 코로나로 인해 닫히는 문들이 많았지만 새롭게 여신 문도 분명 있을 것입니다. 어쩌면 하나님은 한국교회가 줄기차게 달려온 성장의 문을 닫고, 성숙의 문을 여시는 것 아닐까요?

목회현장에서 코로나19로 고민하며 씨름을 한 긴 시간, 새롭게 다가온 것이 있었습니다. 〈성서일과〉에 대한 새로운 이해였습니다. 코로나가 시작되면서부터 교우들과 〈성서일과〉를 나누었습니다. 매일 아침 〈성서일과〉 본문과, 분문 중의 한 구절을 묵상한 내용을 교우들에게 전했습니다.

교우들의 반응은 다양했습니다. 아무런 반응을 보이지 않는 이들이 가장 많았지만, "아멘" 하며 짧게 화답하기도 했고, 그날의 말씀을 묵상하고 신앙의 다짐을 보내는 이들도 있었습니다. 말씀을 읽으며 이해가 안되는 부분을 질문하는 교우들도 있었습니다. 질문을 한 교우와 성경에 대한 이야기를 이어가는 것은 큰 즐거움이었습니다.

〈성서일과〉의 가장 큰 유익은 나를 찾아오시는 말씀을 만나는데 있다고 여겨집니다. 아무 말씀이나 읽는 것이 아니고, 내가 선택하여 읽는 것도 아니고, 나를 찾아오시는 말씀을 매일 만나는 것입니다. 오랫동안 나를 기다리고 있었던 말씀을, 때가 되어 만나는 것 말입니다. 이 말씀이 왜 오늘 나에게 주어진 것일까 생각하며 말씀을 읽으면, 말씀은 늘 새롭게 다가오니까요.

〈성서일과〉에 적극적으로 참여하기를 바라는 마음으로 교우들에게 묵상 내용을 담을 수 있는 수첩이나 노트를 준비하면 좋겠노라 권했습니다. 묵상 내용을 정리하는 것은 마음으로만 동참하는 것과는 사뭇 다를 것이라 생각했습니다. 그러던 중 〈성서일과〉를 위한 공책이나 책이 있다면 큰 도움이 되지 않을까 하는 생각이 들었습니다. 인쇄된 내용을 읽고 서너 줄 소감을 쓰는 방식이 아니라, 조금 어렵거나 불편해도 내가 충실하게 채워가는 것이 신앙에 훨씬 유익하겠다 싶었기 때문입니다. 이 책이 나오게 된 것은 그런 까닭 때문입니다.

〈성서일과〉는 조금만 노력하면 주변에서 찾을 수가 있습니다. 대부분의 교단에서는 해가 바뀔 때마다 그해의 〈성서일과〉를 나눕니다. 교단 홈페이지를 참조하면 도움을 받을 수가 있습니다. 그것이 어렵다면 출석하는 교회의 목회자에게 도움을 청해도 좋겠습니다. 도움을 받을 수 있을 것이고, 그런 일을 통해 서로에 대한 신뢰는 두터워질 것입니다.

사막을 지나 약속의 땅으로 가는 백성들에게 주님은 매일 넉넉한 하늘 양식을 주셨습니다. 뜨거운 한낮에는 구름기둥으로, 춥고 어두운 밤에는 불기둥으로 이끄셨습니다. 오늘 만나는 이 책이 그런 주님의 손길로 다가가기를 희망합니다. 한 치 앞을 모르는 세상에서 우리의 길과 걸음을 지키고 이끄시는 주님의 손길이 되었으면 좋겠습니다.

사막에 길을 내듯 〈꽃자리〉에서 책을 냅니다. 혼탁한 시대에 주님께서 우리 마음에 새기시는 의미 있는 무늬가 되었으면 좋겠습니다. 〈성서일과〉가 "여기에 물이 있다"고 부르시는 주님의 멋진 초대가 되기를 빕니다.

2022년 6월 '망종'(芒種) 절기에

정릉에서, 한희철

<성서일과> 사용법

1. 시간의 골방

하루의 시간 중 말씀을 묵상할 수 있는 가장 고요한 시간을 선택합니다. 새벽, 아침, 한낮, 저녁, 밤, 어떤 시간이어도 좋습니다. 세상의 소음에서 벗어나 시간의 골방으로 들어가 마음의 문을 닫기 바랍니다.

2. 조용한 기도

〈성서일과〉를 읽기 전 먼저 조용히 기도를 합니다. 주님의 음성을 듣고 주님을 만날 수 있도록, 주님의 도우심을 구합니다. 말씀을 새기기 위해 마음을 비웁니다.

3. 말씀 읽기

오늘의 성서일과 말씀을 읽되 왜 오늘 이 말씀이 나에게 주어졌는지를 생각하며 읽습니다. 가능하면 천천히 읽고, 가능하다면 거듭해서 읽으면 좋습니다.

4. 꽃물(말씀 새기기)

물을 타지 않은 진국, 배동지기에 논으로 들어가는 물을 '꽃물'이라 합니다. 〈성서일과〉 중 가장 의미 있게 다가온 말씀이 무엇인지, 그 말씀 앞에 어떤 생각이 들었는지를 정리합니다. 한 구절도 좋고, 한 단락이나 한 단어도 좋습니다. 내 마음에 닿은 말씀을 마음에 새깁니다.

5. 마중물(말씀 묵상)

'마중물'이란 펌프의 물을 길어 올리기 위해 한 바가지 먼저 붓는 물을 말합니다. 말씀을 읽으며 길어 올린 생각들을 정리합니다.

6. 두레박(질문)

말씀을 읽으면서 떠오른 질문을 적습니다. 좋은 질문은 좋은 대답으로 나를 이끕니다. 정직한 질문은 우리의 믿음을 맑게 합니다.

7. 손우물(한 줄 기도)

'손우물'은 손으로 만든 우물로, 꽃씨를 심고 따로 물을 줄 도구가 없을 때 두 손을 모아 물을 담는 모습을 나타냅니다. 〈성서일과〉를 읽고 묵상을 한 뒤, 한 줄 기도문을 적습니다. 간결한 마음으로 바치는 기도입니다. 기도의 분량이나 멋진 문장이 아니라, 진솔한 마음이 중요합니다.

8. 나비물(말씀의 실천)

'나비물'은 우물가에서 대야에 물을 담아 씻고 나서는 대야의 물을 옆으로 휙 끼얹어 마당의 먼지를 재우거나 화단에 물을 뿌릴 때, 가로로 확 퍼지게 끼얹는 물을 가리킵니다. 말씀의 실천은 생활 속 아주 작은 일에서부터 시작합니다. 〈성서일과〉 중에서 내가 실천할 내용을 찾아 실천에 옮기면 됩니다.

9. 하늘바라기(오늘의 중보기도)

비가 와야 농사를 지을 수 있는 논을 천둥지기, 천수답, 하늘바라기라 불렀습니다. 우리는 모두 하늘의 은혜만을 바라보는 하늘바라기들입니다. 우리 주변에는 우리의 기도를 필요로 하는 이들이 많이 있습니다. 말씀을 읽고 난 뒤 중보기도를 드립니다.

10. 도래샘(삶 돌아보기)

'도래샘'이란 빙 돌아서 흐르는 샘물을 말합니다. 차 한 잔을 마시듯 짧은 글로 내 삶을 돌아봅니다.

<성서일과>란

독서집(Lectionary) 또는 성서일과(聖書日課)는 기독교에서 교회력에 따라 배치한 전례 성서를 말한다.

대림절(Advent), 성탄절(Christmas), 공현절(Epiphany), 사순절(Lent), 성 주간(Holy Week), 부활절(Easter), 연중주일(Season after), 성령강림절(Pentecost) 등의 교회력 절기에 맞추어 성서 말씀이 배치되어 있다. 1년을 기준으로 313년 공인 이전부터 성경을 절기에 맞추어 읽는 관례가 있었으며, 서방교회와 동방교회에서 각자의 성경 일독을 지침으로 하는 독서집이 있었다. 근대에 와서 천주교회와 정교회, 개신교회는 각각의 교회 절기에 맞춘 하루 성서 독서(성서정과, 성서일과)를 개별적으로 교파별로 가지고 있었다. 이에 대한 반성과 교회일치운동의 일환으로 모든 교회가 사용하는 성서 일과를 마련하자는 의견이 모였고 그 결과 현재의 성서일과를 형성하였다.

교회일치 운동에 따른 성경읽기

개정판공동성구집(또는 개정공동성서정과, RCL)은 성서를 기반으로 기독교 예배와 기도(아침, 저녁기도)에 필요한 성서독서를 위해 작성된 세계교회 공동성서읽기표를 말하며, 교회력에 따라 성서말씀을 배치하였다.

현재 세계의 많은 기독교 교회, 특히 영어권 교회에서 사용되는 '개정 공동성서정과'(또는 개정판공동성구집)는 1년 주기의 표를 사용하던 교회일치운동 교단들이 제2차 바티칸 공의회를 마치고 천주교회가 새로 발행한 3년 주기 성서 읽기표의 방식을 받아들여 3년 주기의 성서읽기표를 교회일치운동(Ecumenical) 정신에 따라 작성한 것이다.

1983년에 시작하여 9년간의 시험 사용을 거쳐 1994년 공식적으로 출판되었다. CCT(North American Consultation on Common Texts)와 ELCC(International English Language Liturgical Consultation)의 협력 사업으로 참여기구는 미국과 캐나다의 천주교주교회의, 그리고 미국 연합감리교회, 캐나다와 미국의 주류 개신교 교파들과 성공회에서 참여하여 영어권에서 폭넓게 받아들여지게 되었다.

사용 방법

성서정과를 사용하는 교회들은 가해(Year A Readings), 나해(Year B Readings), 다해(Year C Readings)로 해를 나누고, 각 해마다 다른 내용의 성서정과를 사용하며, 전례봉사자와 설교자는 예배 때마다 성서정과에 나온 성서말씀을 구약성서, 시편, 서신, 복음서로 나누어 읽는다. 물론 설교도 성서정과에 나온 복음서 말씀을 근거로 한다.

한국교회에서의 사용

현재 한국교회에서는 개정판공동성구집(개신교에서 사용), 개정공동성서정과(약자: RCL, 성공회와 루터교회에서 사용), 미사 전례서 또는 시간 전례서의 성서읽기표(로마 가톨릭 교회에서 사용)를 사용하고 있다. 이중 개정공동성서정과(RCL)는 세계개신교교회에서 공통적으로 사용하는 공동성서정과표이다.

성서정과에 나온 성서말씀을 읽는 일을 성서독서라고 하는데, 성서독서자는 교파마다 차이가 있다. 한국 루터교회에선 목사가 구약, 시편, 서신, 복음서를 모두 읽으며, 한국 천주교회와 대한 성공회에서는 구약, 시편, 서신은 평신도 전례봉사자가, 복음서는 사제와 부제가 읽을 수 있다.

기독교대한감리회에서는 성서일과로 칭하며, 세계감리교협의회에서 협의하여 정한 '개정판공동성구집'의 성서일과를 따른다. 한국 기독교장로회(기장)는 독자적인 성서정과를 작성하여 이용한다. 대한민국의 대다수 개신교 교회들은 성서정과를 사용하지 않고 목사 임의로 성서본문을 정한다. 하지만 몇몇 개신교회들은 성서정과에 따라 성서말씀을 읽는다.

일러두기

성서일과(개정된 공동성서일과)는 3년을 주기('가'해, '나'해, '다'해)로 구성되어 있다. 오늘의 성서일과 목록 중에 이탤릭체로 표기한 것은, 성서 66권 중에 겹치는 본문과 누락된 본문을 고려해서 교회력의 주제에 맞는 기타 중요한 본문들을 선택해서 옵션으로 넣은 것이다.

어느 날의 기도

잎은 잎대로
가지는 가지대로
줄기는 줄기대로
나는 아니라 합니다
나는 나무가 아니라 합니다
그 모든 아님이 모여
한 그루 나무가 됩니다

주님,
우리의 모든 겸손함 위에
당신의 집 한 채 지으십시오

늘 떠나가기만 하는 사람들

1. 오늘의 성서일과

시편 113
에스겔 22:17-31
로마서 8:31-39

시편 79:1-9
예레미야 8:1-13

2. 꽃물(말씀 새기기: 오늘의 말씀 중 가장 의미 있게 다가온 말씀)

너는 그들에게 전하여라. 나 주가 말한다. 누구나 넘어지면, 다시 일어나지 않겠
느냐? 누구나 떠나가면, 다시 돌아오지 않겠느냐? 그런데도 예루살렘 백성은, 왜
늘 떠나가기만 하고, 거짓된 것에 사로잡혀서 돌아오기를 거절하느냐?(예레미야
8:4-5)

3. 마중물(말씀 묵상: 말씀을 묵상한 내용)

누구라도 넘어지면 다시 일어난다. 누구라도 떠나가면 다시 돌아온다. 하늘을 나
는 학도 제 철을 알고, 비둘기와 제비와 두루미도 저마다 돌아올 때를 지킨다. 아
침마다 일을 나가는 식구들도 저녁이 되면 모두들 집으로 돌아온다.

그런데 하나님의 백성들은 다르다. 늘 하나님을 떠나가기만 하고, 거짓된 것에
사로잡혀서 돌아오기를 거절한다. 마치 전쟁터로 달려가는 군마들처럼 떠나가
돌아올 줄을 모른다. 그러면서도 그들은 우리가 주님의 율법을 안다고 말한다.
서기관들은 거짓된 붓으로 율법을 거짓말로 바꾸어 놓았고, 예언자와 제사장까
지도 모두 한결같이 백성을 속인다. 백성들이 상처를 입어 앓고 있을 때에도 그
들은 '괜찮다! 괜찮다!' 하고 허언을 늘어놓을 뿐이다. 힘 있는 자든 힘 없는 자
든, 모두가 자기의 잇속만을 채우며 사기를 쳐서 재산을 모은다. 그렇게 역겨운
일들을 하면서도 부끄러워할 줄을 모른다. 얼굴을 붉히지도 않는다.
하나님이 보시기에 그들은 율법을 알고 있든 없든, 직분이 무엇이든, 하나님을
떠나가기만 하고 돌아올 줄을 모르는 사람들이다. 떠나가기만 하고 돌아올 줄을
모르는 그들을 향해 하나님은 말씀하신다. "그러므로 내가 그들에게 준 것들이
모두 사라져 버릴 것이다."

4. 두레박(질문: 말씀을 읽고서 떠오르는 질문)

＊율법을 안다는 것과 자신들이 가진 직분이 하나님을 계속해서 떠나가기만 한다
는 것을 모르게 만든 것은 아니었을까?

＊오늘 우리 또한 믿음이 있다는 이유로 계속해서 하나님을 떠나기만 하는 것은
아닐까?

5. 손우물(한 줄 기도: 짧을수록 마음을 담아)

지금 걷는 길이 잘못된 길이라면, 걸음을 멈출 수 있게 해주십시오.

6. 나비물(말씀의 실천: 생활 속에서 작은 것부터 실천하기)

다수를 따라가는 걸음 멈추기

7. 하늘바라기(오늘의 중보기도: 내 기도를 필요로 하는 이들을 기억하며)

하나님의 사랑의 줄에서 끊어진 줄도 모르고, 하나님으로부터 계속 멀어지기만
하는 이들을 주님께서 붙잡아 주소서.(로마서 8:31-39)

8. 도래샘(삶 돌아보기: 여유 있는 마음으로 내 삶을 바라보기)

악을 선이라 하는 자들

1. 오늘의 성서일과   시편 113   시편 79:1-9
                                      이사야 5:8-23   예레미야 8:14-17, 9:2-11
                                      마가복음 12:41-44

2. 꽃물(말씀 새기기: 오늘의 말씀 중 가장 의미 있게 다가온 말씀)

악한 것을 선하다고 하고 선한 것을 악하다고 하는 자들, 어둠을 빛이라고 하고 빛을 어둠이라고 하며, 쓴 것을 달다고 하고 단 것을 쓰다고 하는 자들에게, 재앙이 닥친다!(이사야 5:20)

3. 마중물(말씀 묵상: 말씀을 묵상한 내용)

사람은 누구라도 복을 받기 원한다. 새해 인사도 복 받으라는 인사고, 숟가락에도 복이라는 글자를 새겨 밥 한 술을 먹을 때마다 복이 깃들기를 원한다. 하나님을 믿는 사람들도 마찬가지다. 하나님께로부터 가장 받고 싶은 것이 복이다. 그런데 오늘 본문에서 하나님은 재앙에 대해 말씀하신다. 더 차지할 곳이 없을 때까지 많은 것을 소유하려는 이들, 아침 일찍부터 독한 술을 찾고 밤이 늦도록 포도주에 얼이 빠져 있는 사람들, 포도주쯤은 말로 마시고 온갖 독한 술을 섞어 마시고도 끄떡도 하지 않는 자들, 거짓으로 끈을 만들어 악을 잡아당기며, 수레의 줄을 당기듯이 죄를 끌어당기는 자들, 그들에게 재앙이 닥친다고 선언하신다.

재앙이 닥칠 사람들 중에는 '악한 것을 선하다고 하고 선한 것을 악하다고 하는 자들, 어둠을 빛이라고 하고 빛을 어둠이라고 하며, 쓴 것을 달다고 하고 단 것을 쓰다고 하는 자들'도 있다. 어찌 선악을 구별하지 못하고 선을 악이라 악을 선이라 할까, 쓴 것을 달다 단 것을 쓰다 할까 싶지만, 그런 이들은 오늘도 있다.

쓰고 단 것이야 개인 취향일 수 있으니 백보 양보를 한다고 해도, 어둠을 빛이라고 하고 빛을 어둠이라고 하며 선과 악을 악의적으로 뒤바꾸는 것은 받아들일 수가 없다. 어둠과 악의 편에 서는 것이 잠깐은 도움이 되는 것처럼 보이고, 빛과 선을 부정하는 것이 대단한 것처럼 보여도 하나님은 그렇게 바라보지 않으신다. 그들에게 임할 것은 재앙밖에는 없다.

4. 두레박(질문: 말씀을 읽고서 떠오르는 질문)

*악한 것을 선하다고 하고 선한 것을 악하다고 하는 자들, 어둠을 빛이라고 하고 빛을 어둠이라고 하며, 쓴 것을 달다고 하고 단 것을 쓰다고 하는 자들은 오늘 누구일까?

*언론계와 정치계와 종교계는 오늘의 말씀 앞에서 어떤 반성문을 써야 할까?

5. 손우물(한 줄 기도: 짧을수록 마음을 담아)

어둠을 어둠이라 빛을 빛이라 말할 수 있는 용기와 정직함을 잃지 않게 해주십시오.

6. 나비물(말씀의 실천: 생활 속에서 작은 것부터 실천하기)

나의 전부를 드리는 훈련하기(마가복음 12:41-44)

7. 하늘바라기(오늘의 중보기도: 내 기도를 필요로 하는 이들을 기억하며)

언론계와 정치계와 종교계에 있는 이들이 거짓과 허황된 말을 버리게 하소서.

8. 도래샘(삶 돌아보기: 여유 있는 마음으로 내 삶을 바라보기)

신 한 켤레와 빈궁한 사람들

1. 오늘의 성서일과   아모스 8:4-7, 시편 113   예레미야 8:18-9:1
                               디모데전서 2:1-7   시편 79:1-9
                               누가복음 16:1-13

2. 꽃물(말씀 새기기: 오늘의 말씀 중 가장 의미 있게 다가온 말씀)

기껏 한다는 말이, "초하루 축제가 언제 지나서, 우리가 곡식을 팔 수 있을까? 안식일이 언제 지나서, 우리가 밀을 낼 수 있을까? 되는 줄이고, 추는 늘이면서, 가짜 저울로 속이자. 헐값에 가난한 사람들을 사고 신 한 켤레 값으로 빈궁한 사람들을 사자. 찌꺼기 밀까지도 팔아먹자" 하는구나.(아모스 8:5-6)

3. 마중물(말씀 묵상: 말씀을 묵상한 내용)

하일의 시 한 구절이 떠오른다. '일요일에만 살아계신 하느님' 그 구절 앞에서 읽던 시집을 더 읽을 수가 없었다. 어찌 하나님이 일요일에만 살아계실까? 시인이 믿는 자들을 보니 마치 하나님이 일요일에만 살아계신 것처럼 보였을 것이다. 일요일에는 거룩한 것 같은데 다른 날은 그렇지 않은, 시인의 눈에 비친 믿는 이들의 모습이 비참했고 서글펐다.

아모스 눈에 비친 이스라엘 백성들의 모습도 크게 다르지 않았다. 하나님을 믿는 (다는) 자들이 빈궁한 사람들을 짓밟고, 같은 땅에 사는 가난한 사람을 망하게 하고 있었다. 그러면서도 그들이 기껏 한다는 말이 기가 막히다.
"초하루 축제가 언제 지나서, 우리가 곡식을 팔 수 있을까? 안식일이 언제 지나서, 우리가 밀을 낼 수 있을까? 되는 줄이고, 추는 늘이면서, 가짜 저울로 속이자. 헐값에 가난한 사람들을 사고 신 한 켤레 값으로 빈궁한 사람들을 사자. 찌꺼기 밀까지도 팔아먹자"
그들의 생각과 말이 거침이 없다. 신 한 켤레 값으로 빈궁한 사람들을 사자니, 찌꺼기 밀까지도 팔아먹자니, 그들의 모습 속에서는 어떤 신앙도 거룩함도 찾을 수가 없다.

그런 백성들을 두고 주님이 맹세를 하신다. "그들이 한 일 그 어느 것도 내가 두고두고 잊지 않겠다." 땅 위에 사는 자들이 모두 통곡을 할 것이라고, 대낮에 해가 지게 하고, 한낮에 땅을 캄캄하게 하겠다고, 모든 절기를 통곡으로 바꾸겠다고, 모든 노래를 만가로 바꾸겠다고, 모든 사람에게 굵은 베옷을 입히고 머리를 모두 밀어서 대머리가 되게 하겠다고, 그래서 모두들 외아들을 잃은 것처럼 통곡하게 하고, 그 마지막이 비통한 날이 되게 하겠다고 하신다.

4. 두레박(질문: 말씀을 읽고서 떠오르는 질문)
*오늘의 한국교회와 이 땅의 그리스도인들이 이 말씀에서 자유로울 수 있는 것일까?
*뉴스에서 만나게 되는 악덕 기업인 중 믿는 이들이 있는 것은 어떤 이유 때문일까?

5. 손우물(한 줄 기도: 짧을수록 마음을 담아)
우리의 믿음과 삶이 다르지 않도록 우리를 도와주십시오.

6. 나비물(말씀의 실천: 생활 속에서 작은 것부터 실천하기)
좋은 지도자가 세워지도록 기도하기(디모데전서 2:1-7)

7. 하늘바라기(오늘의 중보기도: 내 기도를 필요로 하는 이들을 기억하며)
하나님과 재물을 함께 섬기는 이들을 긍휼이 여기소서.(누가복음 16:1-13)

8. 도래샘(삶 돌아보기: 여유 있는 마음으로 내 삶을 바라보기)

궁핍한 사람에게 은혜를 베풀 때

1. 오늘의 성서일과 시편 12 시편 106:40-48
잠언 14:12-31 예레미야 9:12-26
사도행전 4:1-12

2. 꽃물(말씀 새기기: 오늘의 말씀 중 가장 의미 있게 다가온 말씀)

가난한 사람을 억압하는 것은 그를 지으신 분을 모욕하는 것이지만, 궁핍한 사람에게 은혜를 베푸는 것은 그를 지으신 분을 공경하는 것이다.(잠언 14:31)

3. 마중물(말씀 묵상: 말씀을 묵상한 내용)

예수께서 양과 염소를 가르는 심판 이야기를 했을 때, 이야기를 듣는 사람들은 얼마나 놀랐을까? 심판의 날이 있다는 것 때문이 아니라, 양과 염소를 가르는 기준 때문에 말이다. 구원받을 자와 멸망당할 자를 가르는 기준이 유대인들에게 없지는 않았을 것이다. 그들이 대뜸 떠올린 기준은 유대인과 이방인이었을 것이다. 선택받은 자신들은 양, 이방인들은 염소, 애매할 것이 없었을 것이다. 하지만 예수께서 이야기 속에 담아낸 기준은 너무도 뜻밖이다.

양과 염소에게 동일한 기준이 적용된다. 주님이 주릴 때에 먹을 것을 주었고, 목마를 때에 마실 것을 주었으며, 나그네로 있을 때에 영접하였고, 헐벗을 때에 입을 것을 주었고, 병들어 있을 때에 돌보아 주었고, 감옥에 갇혀 있을 때에 찾아 주었는지의 여부다.

구원받을 이도 멸망당할 이도 같은 질문을 한다. 우리가 언제 그런 일을 했느냐고, 우리가 언제 그런 일을 하지 않았느냐고 묻는다. 다시 이어지는 주님의 대답도 같다. "내가 진정으로 너희에게 말한다. 너희가 여기 내 형제자매 가운데, 지극히 보잘 것 없는 사람 하나에게 한 것이 곧 내게 한 것이다." "내가 진정으로 너희에게 말한다. 여기 이 사람들 가운데서 지극히 보잘 것 없는 사람 하나에게 하지 않은 것이 곧 내게 하지 않은 것이다."

잠언 14장 31절 말씀이 양과 염소를 가르는 예수님 말씀과 겹친다. 가난한 사람을 억압하는 것은 그를 지으신 분을 모욕하는 것이지만, 궁핍한 사람에게 은혜를 베푸는 것은 그를 지으신 분을 공경하는 것, 하나님을 공경한다고 하면서 가난한 자를 억압하는 것은 모순된 일이다. 궁핍한 사람에게 은혜를 베풀 때, 우리는 하나님을 공경하는 것이다.

4. 두레박(질문: 말씀을 읽고서 떠오르는 질문)

* 왜 우리는 가난한 사람, 궁핍한 사람을 무시하는 것일까?
* 가난한 사람의 모습 속에서 하나님을 보기 위해서는 어떤 마음이 필요할까?

5. 손우물(한 줄 기도: 짧을수록 마음을 담아)

가난한 이웃의 모습 속에서 주님의 모습을 보게 해주십시오.

6. 나비물(말씀의 실천: 생활 속에서 작은 것부터 실천하기)

거짓말, 아첨하는 말, 두 마음, 간사한 입술, 큰소리 멀리 하기(시편 12)

7. 하늘바라기(오늘의 중보기도: 내 기도를 필요로 하는 이들을 기억하며)

헛된 것을 따르는 이들이 주님께로 돌아서게 하소서.(사도행전 4:1-12)

8. 도래샘(삶 돌아보기: 여유 있는 마음으로 내 삶을 바라보기)

모든 사람에게 모든 것이 된 사람

1. 오늘의 성서일과   시편 12   시편 106:40-48
                      잠언 17:1-5   예레미야 10:1-16
                      고린도전서 9:19-23

2. 꽃물(말씀 새기기: 오늘의 말씀 중 가장 의미 있게 다가온 말씀)

믿음이 약한 사람들에게는, 약한 사람들을 얻으려고 약한 사람이 되었습니다. 나는 모든 종류의 사람에게 모든 것이 다 되었습니다. 그것은, 내가 어떻게 해서든지, 그들 가운데서 몇 사람이라도 구원하려는 것입니다.(고린도전서 9:22)

3. 마중물(말씀 묵상: 말씀을 묵상한 내용)

오래 전 외진 시골마을 단강에서 목회를 할 때였다. 어느 날 신문 하나가 배달되었는데, 평화신문 아니었던가 싶다. 거기에 실린 글을 읽다가 전율을 느꼈는데, 장기수로 소개된 신영복 선생이 감옥에서 쓴 글들이 소개되어 있었다. 본래의 것만 남기고 나머지 것을 모두 깎아낸 조각 작품 같았다. 어디에도 군더더기가 보이질 않았다. 깊은 우물에서 길어 올린 맑고 시원한 물 같아서 대번 마음을 서늘하게 했다. 그렇게 만난 구절 중에는 다음과 같은 것이 있었다.

"머리 좋은 것이 마음 좋은 것만 못하고, 마음 좋은 것이 손 좋은 것만 못하고, 손 좋은 것이 발 좋은 것만 못한 법입니다. 관찰보다는 애정이, 애정보다는 실천적 연대가, 실천적 연대보다는 입장의 동일함이 더욱 중요합니다. 입장의 동일함, 그것은 관계의 최고 형태입니다."

어떻게 해서든지 몇 사람이라도 구원하기 위해 모든 사람에게 모든 것이 다 되었다는 바울의 고백은 입장의 동일함이 관계의 최고 형태라는 말을 떠올리게 한다. 《노자》의 한 구절도 떠오른다. 숙능탁이정지서청(孰能濁以靜之徐淸) '누가 능히 스스로 흐려져서 더러운 것을 서서히 맑게 하겠느냐'는 뜻이다.

내가 믿는 믿음이 있지만 다른 누군가를 얻기 위해 그 사람과 같아지기로 한 사람, 바울이 가진 믿음의 깊이를 가늠하기가 힘들다.

4. 두레박(질문: 말씀을 읽고서 떠오르는 질문)

＊같은 자리에 서는 것은 어떤 의미가 있을까?

＊왜 우리는 같은 자리에 서지 못하는 걸까?

5. 손우물(한 줄 기도: 짧을수록 마음을 담아)

난 체 그만하고 같은 자리에 서게 해주십시오.

6. 나비물(말씀의 실천: 생활 속에서 작은 것부터 실천하기)

은과 금으로 아름답게 꾸민 것에 마음 두지 않기(예레미야 10:1-16)

7. 하늘바라기(오늘의 중보기도: 내 기도를 필요로 하는 이들을 기억하며)

여러 나라에 흩어져 사는 이들에게 은총을 베푸소서.(시편 106:40-48)

8. 도래샘(삶 돌아보기: 여유 있는 마음으로 내 삶을 바라보기)

더 엄한 심판을 받을 사람

1. 오늘의 성서일과

시편 12
잠언 21:10-16
누가복음 20:45-21:4

시편 106:40-48
예레미야 10:17-25

2. 꽃물(말씀 새기기: 오늘의 말씀 중 가장 의미 있게 다가온 말씀)

율법학자들을 조심하여라. 그들은 예복을 입고 다니기를 원하고, 장터에서 인사받는 것과 회당에서 높은 자리와 잔치에서 윗자리를 좋아한다. 그들은 과부들의 가산을 삼키고, 남에게 보이려고 길게 기도한다. 그들은 더 엄한 심판을 받을 것이다.(누가복음 20:46-47)

3. 마중물(말씀 묵상: 말씀을 묵상한 내용)

예수님 말씀에 의하면 더 엄한 심판을 받을 사람이 있다. 다른 사람보다, 다른 경우보다 더 무거운 심판을 받을 일은 어떤 일일까? 왜 그들은 더 무서운 심판을 받는 것일까?

더 엄한 심판을 받을 사람 하면 밖을 둘러보기가 쉽다. 믿음에서, 교회에서 가장 멀리 떨어져 있는 누군가를 말이다. 온갖 악행이나 신앙을 핍박한 일을 떠올릴 수도 있다.

하지만 더 엄한 심판을 받을 사람은 교회 밖에 있지 않고 안에 있다. 하나님의 말씀을 모르는 사람이 아니라 누구보다 잘 아는 사람이다. 그냥 잘 아는 정도가 아니라 말씀 전문가라 할 수 있다. 그런데 그들이 왜 엄중한 심판을 받게 되는 것일까?

"그들은 예복을 입고 다니기를 원하고, 장터에서 인사 받는 것과 회당에서 높은 자리와 잔치에서 윗자리를 좋아한다. 그들은 과부들의 가산을 삼키고, 남에게 보이려고 길게 기도한다."

하나하나가 아프다. 그들은 복장을 통해서는 자신이 구별된 존재임을 드러낸다. 시장에서 다른 사람들에게 인사 받는 것을 은근히 즐긴다. 많은 사람들에게 인사를 받는 일에 익숙해져 있다. 잔치나 집회에서 윗자리에 앉는 일에 민감하다. 때로는 자리 순서로 인하여 잡음이 일기도 하고, 고성과 싸움이 일어나기도 한다. 그들이 받는 사례는 가난한 이들이 드린 땀내 나는 헌금, 그들이 사용하는 용처는 가난한 이들의 헌금과는 거리가 멀다. 그들이 오래 기도하는 이유는 한 가지, 남에게 보이기 위해서이다. 자신이 얼마나 경건한 사람인지를 드러내기 위해서라면 긴 기도가 어색한 일이 아니다. 왜 이리 가슴이 찔리는 것일까?

4. 두레박(질문: 말씀을 읽고서 떠오르는 질문)

*오늘 교회의 지도자들 중 예수님 말씀에서 자유로운 자가 얼마나 될까?
*종교지도자들이 쓰는 돈 중에서 헌금의 용도에서 크게 벗어난 사용처는 어떤 경우일까?

5. 손우물(한 줄 기도: 짧을수록 마음을 담아)

나도 모르게 뿌리내린 교만에서 부디 건져 주소서.

6. 나비물(말씀의 실천: 생활 속에서 작은 것부터 실천하기)

목사이기 전에 교인, 교인이기 전에 바른 사람이기

7. 하늘바라기(오늘의 중보기도: 내 기도를 필요로 하는 이들을 기억하며)

모든 종교 지도자들의 마음을 바로 세워 주소서.(예레미야 10:17-25)

8. 도래샘(삶 돌아보기: 여유 있는 마음으로 내 삶을 바라보기)

나아가고 물러서기 참으로 어려워라

1. 오늘의 성서일과 　시편 146 　　　　　　시편 91:1-6, 14-16
　　　　　　　　　　잠언 22:2-16 　　　　　예레미야 23:9-22
　　　　　　　　　　고린도후서 8:8-15

2. 꽃물(말씀 새기기: 오늘의 말씀 중 가장 의미 있게 다가온 말씀)

슬기로운 사람은 재앙을 보면 숨고 피하지만, 어수룩한 사람은 고집을 부리고 나아가다가 화를 입는다.(잠언 22:3)

3. 마중물(말씀 묵상: 말씀을 묵상한 내용)

조선시대 3대 시인 중 한 사람으로 불리는 읍취헌 박은(朴誾 1479-1504)이 있다. 그는 18세에 과거 문과에 급제하여 학문에 전념할 수 있는 '사가독서자'로 선발되었으나, 20세에 유자광의 모함을 받아 23세에 파직되어 옥에 갇히고 만다. 1503년 아내마저 백일도 안 된 아이를 남기고 죽자 그의 생활은 더욱 고통스러웠다. 그러던 중 1504년 갑자사화 때에 동래로 유배되었다가 사형을 당했는데, 그때 그의 나이 26세였다.

아내를 잃고 쓴 시 중에 다음과 같은 구절이 있다. '사람의 목숨이란 게 어찌 오래 가랴 소 발자국에 고인 물처럼 쉬 마를 테지'(인명기능구 이갈여우잠 人名豈能久 易竭如牛涔) 한바탕 소나기가 쏟아지자 소 발자국에도 물이 고인다. 하지만 잠깐이다. 다시 쏟아진 햇볕에 금방 마르고 만다. 그 순간을 바라보며 아내의 죽음을 떠올리는 시인의 슬픔에 가슴이 먹먹해진다.

읍취헌이 노래한 구절 중에는 다음과 같은 것이 있다. '사람이 세상에 태어나서 나아가고 물러서기 참으로 어려워라.'

'슬기로운 사람과 어수룩한 사람이 있다. '어수룩한 사람'으로 번역된 히브리어 '프타임'은 도덕적 방향감각이 없어서 악으로 기울어질 수 있는 단순한 사람을 일컫는다.

슬기로운 사람과 어수룩한 사람을 가르는 기준은 나아가고 물러설 때를 아는지의 여부다. 슬기로운 사람은 재앙을 보면 숨고 피한다. 지금은 나아갈 때가 아니라 멈출 때라는 것을, 멈출 뿐만이 아니라 피할 때라는 것을 안다. 하지만 어수룩한 사람은 그걸 알지 못한다. 위기의 순간에도 고집을 부리면서 나아가다가 결국은 화를 당하고 만다. 인생의 지혜는 매우 단순한 데 있다. 나아가고 물러설 때를 아는 데 있다.

4. 두레박(질문: 말씀을 읽고서 떠오르는 질문)
*나아가고 물러설 때를 알기 위해 살펴야 할 것은 무엇일까?
*함부로 나섰다가 화를 당한 자들 중에는 누가 있을까?

5. 손우물(한 줄 기도: 짧을수록 마음을 담아)
나아가고 물러설 때를 올바로 분별하게 해주십시오.

6. 나비물(말씀의 실천: 생활 속에서 작은 것부터 실천하기)
누군가의 궁핍을 채워 평형 이루기(고린도후서 8:8-15)

7. 하늘바라기(오늘의 중보기도: 내 기도를 필요로 하는 이들을 기억하며)
헛된 말에 흔들리는 이들을 불쌍히 여기소서.(예레미야 23:9-22)

8. 도래샘(삶 돌아보기: 여유 있는 마음으로 내 삶을 바라보기)

하나님께는 먼 곳이 없다

1. 오늘의 성서일과

시편 146
잠언 28:3-10
에베소서 2:1-10

시편 91:1-6, 14-16
예레미야 23:23-32

2. 꽃물(말씀 새기기: 오늘의 말씀 중 가장 의미 있게 다가온 말씀)

내가 가까운 곳의 하나님이며, 먼 곳의 하나님은 아닌 줄 아느냐? 나 주의 말이
다. 사람이 제아무리 은밀한 곳에 숨는다고 하여도, 그는 내 눈에서 벗어날 수
없다. 나 주의 말이다. 내가 하늘과 땅 어디에나 있는 줄을 모르느냐?(예레미야
23:23-24)

3. 마중물(말씀 묵상: 말씀을 묵상한 내용)

많은 사람에게 존경을 받는 한 현자가 있었는데, 어느 날 하나님이 그를 찾아오
셨다. 하나님은 그에게 한 가지 의견을 구했다. "나는 사람들과 숨바꼭질을 하며
놀고 싶다. 내 천사들에게 어디에 숨으면 제일 좋겠느냐고 물었지. 그랬더니 어
떤 천사는 바다 깊숙이 숨으라 하고, 어떤 천사는 산꼭대기에 숨으라 하고, 어떤
천사는 동굴 어둠 속에 숨으라 했지. 자네는 뭐라 제안하겠나? 어디에 숨으면 사
람들이 나를 찾아내지 못할까?"
그때 현자가 대답했다. "바로 그 사람 마음속에 숨으십시오. 설마 하나님이 거기
계시리라고는 생각조차 못할 것입니다."

이야기를 들으니 아차 싶다. 하나님은 어디에나 계신다. 그런데 우리는 너무 먼
곳에 계신 하나님만 찾다가 가까이 계신 하나님을 놓칠 때가 있고, 너무 가까이
에 계신 하나님을 찾다가 먼 곳에 계신 하나님을 잊을 때가 있다.
눈밭의 꿩처럼 하나님을 믿는 사람들이 어리석음에 빠질 때가 있다. 사냥꾼에
게 쫓기던 꿩은 더 이상 기력이 남아 있지 않을 때, 자기 대가리를 눈 속에 처박
는다. 내 눈에 위험이 안 보인다고 안심하는 것이다.
하나님은 어디에나 계신다. 그러기에 하나님께는 먼 곳이 없다.(Nihil longe est

Deo) 너무 가깝다고, 멀다고 설마 여기에 하나님이 계시겠어, 하는 그곳에도 하나님은 계시다.

4. 두레박(질문: 말씀을 읽고서 떠오르는 질문)

* 하나님이 안 계실 거라 생각하는 곳(시간)은 어디일까?
* 하나님을 믿지 않는 이들은 자신이 믿지 않는다는 이유로 하나님과 무관하다고 생각하는 것은 아닐까?

5. 손우물(한 줄 기도: 짧을수록 마음을 담아)

어디나 계신 주님을 마음을 다해 인정하게 해주십시오.

6. 나비물(말씀의 실천: 생활 속에서 작은 것부터 실천하기)

하나님의 작품답게 살기(에베소서 2:1-10)

7. 하늘바라기(오늘의 중보기도: 내 기도를 필요로 하는 이들을 기억하며)

방황하는 모든 이들에게 주님이 피난처가 되어 주소서.(시편 91:1-6, 14-16)

8. 도래샘(삶 돌아보기: 여유 있는 마음으로 내 삶을 바라보기)

묻지 못한 질문

1. 오늘의 성서일과
시편 146
잠언 28:11-28
누가복음 9:43b-48

시편 91:1-6, 14-16
예레미야 24:1-10

2. 꽃물(말씀 새기기: 오늘의 말씀 중 가장 의미 있게 다가온 말씀)

"너희는 이 말을 귀담아 들어라. 인자는 사람들의 손으로 넘어갈 것이다." 그러나 제자들은 이 말씀을 깨닫지 못하였다. 그들이 그 말씀을 이해하지 못하도록 그 뜻이 숨겨져 있었다. 또한 그들은 그 말씀에 관하여 그에게 묻기조차 두려워하였다.(누가복음 9:44-45)

3. 마중물(말씀 묵상: 말씀을 묵상한 내용)

귀담아 들으라고 강조한 말씀을 제자들은 깨닫지 못한다. 때가 되면 예수님이 로마를 넘어 세상의 왕으로 등극할 것을 기대하고 있는데 사람들의 손으로 넘어갈 것이라니, 제자들로서는 도무지 짐작되는 것이 없었을 것이다. 아니 어렴풋 짐작되는 것을 인정하고 싶지 않았을 것이다.

귀담아 들으라는 당부와 함께 들려주신 말씀을 듣기는 들었지만 제자들이 깨닫지 못했던 데에는, 그럴만한 이유가 있었다. 제자들이 깨닫지 못하도록 그 뜻이 숨겨져 있었기 때문이었다. 하나님의 뜻은 우리가 마음먹는다고 알 수 있는 것이 아니다. 세상의 학문처럼 우리의 지식이나 노력, 혹은 경험을 통해 알 수 있는 것이 아니다. 깨달을 수 있도록 도우시는 주님의 은총에 달려있다.

문제는 그 다음이다. 중요한 말씀을 들었는데도 깨닫지를 못했다면 뜻을 여쭙는 것이 당연하다. 그런데 제자들은 묻지를 못한다. 묻는 것이 두려웠던 것이다. 혹시라도 자신들의 마음을 스쳐지나가는 예감이 맞을까, 자신들의 기대와는 전혀 다른 주님의 길을 확인하게 되는 것은 아닐까 두려웠을 것이다. 말씀의 뜻을 깨닫지 못했던 것보다는, 깨닫지 못했으면서도 묻지를 못한 것이 더욱 마음에 걸린다.

'더불어 말할 만한 사람과 말하지 않음은 사람을 잃음이요, 더불어 말할 만하지 않은 사람과 말함은 말을 잃음이다.' 했던 옛말이 떠오른다. 부디 우리가 주님께서 말할 만한 사람이 되기를.

4. 두레박(질문: 말씀을 읽고서 떠오르는 질문)
*두려움 때문에 우리가 주님께 묻지 못하고 있는 질문은 없는 것일까?
*하나님이 은혜를 베푸셔야 하나님의 뜻을 알 수 있는 것이라면, 말씀에 임하는 우리는 무엇이 달려져야 할까?

5. 손우물(한 줄 기도: 짧을수록 마음을 담아)
모르는 것을 주님께 물을 수 있는 용기를 갖게 해주십시오.

6. 나비물(말씀의 실천: 생활 속에서 작은 것부터 실천하기)
내 생각과 다른 하나님의 뜻을 인정하기(예레미야 24:1-10)

7. 하늘바라기(오늘의 중보기도: 내 기도를 필요로 하는 이들을 기억하며)
힘 있다 생각하는 고관들이 숨 한 번 끊어지면 흙으로 돌아가는 것을 알게 하소서.(시편 146)

8. 도래샘(삶 돌아보기: 여유 있는 마음으로 내 삶을 바라보기)

모든 악의 뿌리

1. 오늘의 성서일과 아모스 6:1a, 4-7 시편 146   예레미야 32:1-3a, 6-15
                      디모데전서 6:6-19   시편 91:1-6, 14-16
                      누가복음 16:19-31

2. 꽃물(말씀 새기기: 오늘의 말씀 중 가장 의미 있게 다가온 말씀)

돈을 사랑하는 것이 모든 악의 뿌리입니다. 돈을 좇다가, 믿음에서 떠나 헤매기
도 하고, 많은 고통을 겪기도 한 사람이 더러 있습니다.(디모데전서 6:10)

3. 마중물(말씀 묵상: 말씀을 묵상한 내용)

주님은 우리의 속마음을 아신다. 마음속 은밀하게 똬리를 틀고 있는 욕심도 알
고, 쉽게 흔들리고 넘어지는 연약함도 아신다.

"한 종이 두 주인을 섬기지 못한다. 그가 한 쪽을 미워하고 다른 쪽을 사랑하거
나, 한 쪽을 떠받들고 다른 쪽을 업신여길 것이다. 너희는 하나님과 재물을 함께
섬길 수 없다."(누가복음 16:13)

그렇게 말씀하신 것도 우리의 내면을 아시기 때문이었다. 하나님과 함께 섬길 수
없다 하신 '재물'은 '맘몬'으로, '물신'(物神)을 말한다. 하나님과 함께 섬길 수 없
는 것이 있다면 우리는 그것을 당연히 우상일 것이라 생각한다. 하지만 주님은
재물이라 하신다. 인간에게 있어 재물만큼 하나님을 향한 마음을 가로막는 가장
강력한 힘을 가지고 있는 것이 없다는 것을 알고 계신 것이다.

예수님의 말씀은 '동시에 동서로 갈 수 없다.'는 말을 떠올리게 한다. 어찌 동시
(同時)에 동서(東西)로 갈 수 있겠는가? 그것은 불편한 일이 아니라 불가능한 일
이다. 그런데도 그동안 한국교회는 동시에 동서로 가는 길을 이야기한 것이 아
닐까, 그것은 몸소 보여준 것이 아닐까 싶다.

돈이 악의 뿌리가 아니다. 돈을 사랑하는 것이 모든 악의 뿌리다. '사랑함'이란
'탐욕'을 의미한다. 재물 앞에 탐욕을 품으면 품는 만큼 하나님에게서 멀어지게
된다. 불을 보고 달려든 부나비처럼 탐욕의 결과는 방황과 고통이다.

4. 두레박(질문: 말씀을 읽고서 떠오르는 질문)

＊재물 앞에서 탐욕으로 기울지 않기 위해서는 어떤 마음이 필요할까?

＊그동안 한국교회는 동시에 동서남북으로 가는 것을 믿음의 능력이라 말한 것은 아닐까?

5. 손우물(한 줄 기도: 짧을수록 마음을 담아)

등질 걸 등짐으로 하나님을 바라보게 해주십시오.

6. 나비물(말씀의 실천: 생활 속에서 작은 것부터 실천하기)

절망적인 상황 속에서도 희망의 밭을 일구기(예레미야 32:1-3a, 6-15)

7. 하늘바라기(오늘의 중보기도: 내 기도를 필요로 하는 이들을 기억하며)

주님 일에 부름 받은 이들이 핑계만 대는 일이 없게 하소서.(누가복음 16:19-31)

8. 도래샘(삶 돌아보기: 여유 있는 마음으로 내 삶을 바라보기)

소를 부려 바다를 갈겠다고

1. 오늘의 성서일과   시편 62   시편 119:49-56
아모스 6:8-14   예레미야 32:16-35
요한계시록 3:14-22

2. 꽃물(말씀 새기기: 오늘의 말씀 중 가장 의미 있게 다가온 말씀)

말들이 바위 위에서 달릴 수 있느냐? 사람이 소를 부려 바다를 갈 수 있느냐? 그
런데도 너희는 공의를 뒤엎어 독약을 만들고, 정의에서 거둔 열매를 쓰디쓴 소태
처럼 만들었다.(아모스 6:12)

3. 마중물(말씀 묵상: 말씀을 묵상한 내용)

경제적 풍요는 큰 복이지만, 신앙에 악영향을 끼칠 수 있다. 물질의 풍요함에 기
대 하나님으로부터 멀어지기가 쉽다. 아모스 당시 이스라엘 백성들이 그랬다. 그
들은 상아 침상에 누우며 안락 의자에서 기지개 켜며 양 떼에서 골라 잡은 어린
양 요리를 먹고, 우리에서 송아지를 골라 잡아먹고, 거문고 소리에 맞추어서 헛
된 노래를 흥얼대며, 다윗이나 된 것처럼 악기들을 만들어 내고, 대접으로 포도
주를 퍼마시며, 가장 좋은 향유를 몸에 바르면서 살고 있었다. 그런 풍요로 인해
자신들이 망하는 것은 걱정도 하지 않고 삶이 안전하다고 생각하며 하나님으로
부터 멀어진 이들에게 하나님은 "나는 야곱의 교만이 밉다."고 말씀하신다.
그들이 하는 일은 폭력의 날을 가까이 불러들이고 있는 일, 결국은 마음껏 흥청
대던 잔치는 끝장나고 말 것이다. 그들의 큰 집은 허물어져서 산산조각 나고, 작
은 집은 부서져서 박살이 날 것이다. 그런 뒤 그들은 포로로 사로잡혀 끌려갈 것
이다.

하나님이 백성들에게 묻는다. 말들이 바위 위에서 달릴 수 있겠느냐고, 사람이
소를 부려 바다를 갈 수 있느냐고. 공의를 뒤엎어 독약을 만들고, 정의에서 거둔
열매를 쓰디쓴 소태처럼 만들었으니, 감히 엄두를 낼 수 없는 일을 하나님의 백
성들이 하고 있었던 것이다.

교회든 나라든 소를 부려 바다를 갈려고 하는 어리석음일랑 속히 멈추어야 마땅하다.

4. 두레박(질문: 말씀을 읽고서 떠오르는 질문)

*소를 부려 바다를 가는 일은 불가능한 일, 그런데도 그 일을 하려는 심보는 무엇일까?

*밥을 굶는 일이 이제는 드문 일이 되었다. 경제적 안정이 내 신앙에 미친 영향은 어떤 것일까?

5. 손우물(한 줄 기도: 짧을수록 마음을 담아)

불가능한 일을 교만으로 덤비는 일이 없게 해주십시오.

6. 나비물(말씀의 실천: 생활 속에서 작은 것부터 실천하기)

교만한 자들이 나를 혹독하게 조롱하여도, 주님의 그 법을 떠나지 않기(시편 119:49-56)

7. 하늘바라기(오늘의 중보기도: 내 기도를 필요로 하는 이들을 기억하며)

주님의 거룩함과 함께 있을 수 없는 것들을 구별하여 버리게 하소서.(예레미야 32:16-35)

8. 도래샘(삶 돌아보기: 여유 있는 마음으로 내 삶을 바라보기)

하나님의 기쁨

1. 오늘의 성서일과 　시편 62　　　　　　　　시편 119:49-56
　　　　　　　　　　　호세아 10:9-15　　　　　예레미야 32:36-44
　　　　　　　　　　　야고보서 5:1-6

2. 꽃물(말씀 새기기: 오늘의 말씀 중 가장 의미 있게 다가온 말씀)

나는 그들을 잘되게 함으로 기뻐할 것이며, 나의 온 마음과 정성을 다하여 그들이 이 땅에 뿌리를 굳게 내리고 살게 하겠다.(예레미야 32:41)

3. 마중물(말씀 묵상: 말씀을 묵상한 내용)

아이가 잘못을 하면 부모는 타이른다. 그래도 안 되면 매를 든다. 아이는 자기를 때리는 부모가 미울 뿐, 왜 때리는지를 알지 못한다. 매를 맞아 자기가 아픈 것보다도 때리는 부모 마음이 얼마나 더 아픈지를 헤아리지 못한다. 그러니까 아이다. 우리가 하나님의 마음을 헤아릴 수 없는 이유도 마찬가지일 것이다.

잘못을 하고도 깨닫지 못하는 백성들을 더는 그냥 내버려 둘 수가 없었던 하나님은 아프게 그들을 매질하신다. 아예 나라를 이방인들에게 넘기신다. 그것만으로는 부족하다 싶으셨던지 성전을 불태우신다. 곁에 성전이 있는 한, 하나님을 예배하는 한 우리에게는 어떤 어려움도 찾아오지 않을 것이라 생각하는 거짓된 신앙을 아예 숯더미로 만드신다.

하지만 하나님이 원하시는 것은 징벌이 아니었다. 하나님이 원하시는 것은 따로 있었다. 비록 분노와 노여움과 울화 때문에 그들을 여러 나라로 내쫓아 버렸지만, 그들을 모든 나라에서 모아 데려와서 안전하게 살게 하신다. 그들에게 한결같은 마음과 삶을 주어, 그들이 언제나 하나님을 경외하여 그들 자신뿐만 아니라, 그들의 자손들까지도 길이 복을 받게 하신다. 그들의 마음속에 하나님을 경외하는 마음을 넣어 주어서 그들이 하나님에게서 떠나가지 않게 하신다. 그들이 겪었던 큰 재앙 못지않게 모든 복을 베풀어 주신다. 지금은 사람도 없고 짐승도 없는 황무지이며 바빌로니아 군대의 손에 들어간 땅이지만, 그 땅에서 사람들이 밭을 사게 하신다.

하나님은 하나님의 백성들을 잘되게 함으로 기뻐하시며, 하나님의 온 마음과 정성을 다하여 하나님의 백성들이 하나님이 허락하신 땅에 뿌리를 굳게 내리고 살기를 원하신다. 우리가 잘되는 것을 보고 기뻐하시는 것이 하나님의 기쁨이시다.

4. 두레박(질문: 말씀을 읽고서 떠오르는 질문)
* 회초리가 사랑의 매라는 것을 언제쯤 알게 되는 것일까?
* 하나님의 기쁨이 어디에 있는지를 바로 안다면 우리 삶이 달라질 수 있지 않을까?

5. 손우물(한 줄 기도: 짧을수록 마음을 담아)
오늘 우리들의 삶이 하나님의 기쁨이 되게 해주십시오.

6. 나비물(말씀의 실천: 생활 속에서 작은 것부터 실천하기)
이 땅에 뿌리를 깊이 내리기

7. 하늘바라기(오늘의 중보기도: 내 기도를 필요로 하는 이들을 기억하며)
세상을 자기 마음대로 움직일 수 있다고 생각하는 이들에게, 세상 모든 사람을 다 저울에 올려놓아도 하나님 앞에서는 입김보다 가볍다는 것을 알게 하소서.(시편 62)

8. 도래샘(삶 돌아보기: 여유 있는 마음으로 내 삶을 바라보기)

네가 나를 부르면

1. 오늘의 성서일과   시편 62   시편 119:49-56
                         호세아 12:2-14   예레미야 33:1-13
                         마태복음 19:16-22

2. 꽃물(말씀 새기기: 오늘의 말씀 중 가장 의미 있게 다가온 말씀)

네가 나를 부르면, 내가 너에게 응답하겠고, 네가 모르는 크고 놀라운 비밀을 너
에게 알려 주겠다.(예레미야 33:3)

3. 마중물(말씀 묵상: 말씀을 묵상한 내용)

사랑에 관한 절창이라 여겨지는 시집이 있다. 김남조 시인의 〈사랑초서〉다. 사
랑에 관한 빛나는 사유와 표현이 짤막한 시에 빼곡하게 담겼다. 그렇게 말할 수
밖에 없는 것을 그렇게 말하니, 감정과 언어의 군더더기가 사라져 본질만 보인
다. 〈사랑초서〉에 담긴 시 중에 다음과 같은 것이 있다. '누군가 네 영혼을 부르
면/ 나도 대답해/ 난생 처음 알게 된/ 영혼의 동맹'

예레미야 33장 3절 말씀 앞에서 왜 〈사랑초서〉가 떠올랐던 것일까? 잠시 생각해
보니 드는 생각이 있다. 우리가 기도하면 하나님이 대번 들으시는구나, 싶었기
때문이다. 대번 들으신다. 하나님과 우리 사이에, 기도하는 자와 기도를 들으시
는 분 사이의 간격이나 간극이 보이지 않는다.
하나님은 우리의 기도를 들으시는 것으로 그치지 않는다. 덤으로 주시는 것이 있
다. 우리가 알지 못하는 크고 놀라운 비밀을 우리에게 알려주신다. 기도할 때만
해도 알지 못하던 비밀이다. 우리가 미처 생각하지 못한 크고 놀라운 비밀이다.

하나님은 어디에나 계시기에 어디서 기도하든 우리의 기도를 들으신다. 하나님
은 우리보다 크시기에 우리가 알지 못하는 크고 비밀한 일을 알려주신다. "네가
나를 부르면", 우리는 하나님의 거룩한 초대 앞에 있다.

4. 두레박 (질문: 말씀을 읽고서 떠오르는 질문)

* 네가 나를 부르면 내가 응답하겠다고 하는데도 기도하지 못하는 이유는 무엇일까?

* 기도를 통해 알게 된, 그동안 알지 못했던 크고 놀라운 일 중에는 어떤 일이 있었을까?

5. 손우물 (한 줄 기도: 짧을수록 마음을 담아)

부르면 대답하시는 주님, 거기에 덤까지 주시는 주님, 고맙습니다.

6. 나비물 (말씀의 실천: 생활 속에서 작은 것부터 실천하기)

주님 앞에 아직도 부족한 것 한 가지 버리기 (마가복음 19:16-22)

7. 하늘바라기 (오늘의 중보기도: 내 기도를 필요로 하는 이들을 기억하며)

우리나라가 강대국이 아닌, 하나님을 의지하는 나라 되게 하소서. (호세아 12:2-14)

8. 도래샘 (삶 돌아보기: 여유 있는 마음으로 내 삶을 바라보기)

우리는 끊어지지 않았고

1. 오늘의 성서일과   시편 37:1-9   예레미야애가 3:19-26
                        열왕기하 18:1-8, 28-36   예레미야 52:1-11
                        요한계시록 2:8-11

2. 꽃물(말씀 새기기: 오늘의 말씀 중 가장 의미 있게 다가온 말씀)

그러나 마음속으로 곰곰이 생각하며 오히려 희망을 가지는 것은, 주님의 한결같
은 사랑이 다함이 없고 그 긍휼이 끝이 없기 때문이다.(예레미야애가 3:21-22)

3. 마중물(말씀 묵상: 말씀을 묵상한 내용)

마치 우리 삶에 기쁨과 슬픔이 함께 있는 것처럼, 성경에는 사랑의 노래인 '아가
(雅歌)'도 있고 슬픔의 노래인 '애가(哀歌)'도 있다. '예레미야 애가' 속에 담긴 당시
예루살렘의 실상은 비참하고 참혹하기 그지없다.

사람들로 붐비던 성이 적막강산이 되었다. 여왕이라는 신분이 종으로 추락되었
다. 밤새도록 서러워 통곡하니 뺨에 눈물 마를 날이 없다. 먹을 것이 없어 목숨을
이으려 패물을 주고 먹거리를 바꾼다. 젖먹이들이 목이 말라 혀가 입천장에 붙고
어린 것들이 먹을 것을 달라고 하여도 한 술 떠주는 이가 없어 어머니의 품에서
숨진다. 어떤 어머니들은 자기 손으로 자식들을 삶아서 먹는다. 그러면서도 살갗
과 뼈가 맞붙어 막대기처럼 마르니 거리에서 알아보는 이가 없다. 거리에는 칼의
살육이 있고 집안에는 사망이 있다.

주님께서 당신의 제단도 버리시고 당신의 성소도 역겨워하여 성벽을 원수들의
손에 넘기셨기 때문이다. 그 모습을 바라보는 예언자의 눈은 눈물로 상하고, 창
자가 들끓으며, 간이 땅에 쏟아진다.

이런 절망적인 상황 속에서도 예언자는 희망을 포기하지 않는다. 희망의 근거는
곰곰이 생각하는 데 있다. 예언자는 주님의 한결같은 사랑이 다함이 없고 그 긍
휼이 끝이 없다는 것을 떠올린다. '주님의 한결같은 사랑이 다함이 없다.'라는 말
의 본래 의미는 '우리는 끊어지지 않았고'이다.

모든 것이 다 끊어져버린 상황, 그런데도 우리는 끊어지지 않았다고 고백한다. 그렇게 고백할 수 있는 것이 믿음 아닐까? 그렇게 고백할 수 있는 이가 예언자, 하나님의 사람 아닐까?

4. 두레박(질문: 말씀을 읽고서 떠오르는 질문)
*당시 예루살렘의 상황은 6.25 전쟁 중 우리나라의 모습이 아니었을까?
*가장 깊은 절망 속에서 희망을 길어 올리는 것이 믿음 아닐까?

5. 손우물(한 줄 기도: 짧을수록 마음을 담아)
절망 속에서 희망을 길어 올리기에, 믿음의 두레박 끈이 짧지 않게 하소서.

6. 나비물(말씀의 실천: 생활 속에서 작은 것부터 실천하기)
모세가 만든 구리 뱀도 산산조각으로 깨뜨려 버리기(열왕기하 18:1-8, 28-36)

7. 하늘바라기(오늘의 중보기도: 내 기도를 필요로 하는 이들을 기억하며)
이 땅의 교회가 주님 보시기에 부요하게 하소서.(요한계시록 2:8-11)

8. 도래샘(삶 돌아보기: 여유 있는 마음으로 내 삶을 바라보기)

남김없이

1. 오늘의 성서일과　시편 37:1-9　　　　　　　예레미야애가 3:19-26
　　　　　　　　　　　열왕기하 19:8-20, 35-37　　예레미야 52:12-30
　　　　　　　　　　　요한계시록 2:12-29

2. 꽃물(말씀 새기기: 오늘의 말씀 중 가장 의미 있게 다가온 말씀)

바빌로니아 군대는 주님의 성전에 있는 놋쇠 기둥과 받침대, 또 주님의 성전에 있는 놋바다를 부수어서, 모든 놋쇠를 바빌론으로 가져갔다.(예레미야 52:17)

3. 마중물(말씀 묵상: 말씀을 묵상한 내용)

유다의 마지막 왕 시드기야는 바빌로니아 왕에게 반기를 들었지만 소용이 없었다. 성 안의 곡식이 떨어진 것보다는, 이미 하나님의 뜻이 정해졌기 때문이다. 하나님이 이스라엘 백성에게 요구한 것은 항전(抗戰)이 아니라 항복(降伏)이었다. 왕으로서야 당연히 결사항전의 태도가 마땅하고 의로운 일이겠지만, 그것이 하나님의 뜻을 거스르는 일이라면 아무 소용이 없는 일이었다.

결국은 포위당했던 예루살렘 성이 함락된다. 시드기야의 최후는 비참했다. 도망을 치던 그는 여리고 평원에서 사로잡히는데, 그의 군사들은 모두가 그를 버리고 도망을 쳤다. 바빌로니아 왕은 시드기야의 아들들을 그가 보는 앞에서 처형을 한다. 그런 뒤 시드기야의 두 눈을 뺀 다음 쇠사슬로 묶어 바빌로니아로 끌고 가서, 그가 죽는 날까지 감옥에 가두어 두었다. 시드기야가 눈이 뽑히기 전에 마지막으로 본 것이 아들들이 죽는 모습이었으니, 그보다 비참한 경우가 또 어디 있을까 싶다.

예루살렘 성을 함락시킨 바빌로니아는 마음껏 살육과 약탈을 자행한다. 바빌로니아 왕의 부하인 근위대장 느부사라단이 예루살렘으로 와 주님의 성전과 왕궁과 예루살렘의 모든 건물 곧 큰 건물은 모두 불태워 버린다. 예루살렘의 사면 성벽은 모두 헐어 버렸다. 백성 가운데서 가장 가난한 사람들, 도성 안에 남은 나머지 사람들, 바빌로니아 왕에게 투항한 사람들, 나머지 기술자들을 모두 포로로 잡아갔다.

뿐만이 아니었다. 바빌로니아 군대는 주님의 성전에 있는 놋쇠 기둥과 받침대, 또 주님의 성전에 있는 놋바다를 부수어서, 모든 놋쇠를 바빌로니아로 가져갔다. 주님께 제사를 드릴 때에 쓰는 기구를 모두 가져갔다. 남김없이 가져가 버리고 말았다.

하나님은 사랑이 어정쩡하지 않듯, 심판도 어정쩡하지 않다. 남김없이 허물고 남김없이 가져가게 하심으로 하나님의 백성들에게 남아 있는 잘못된 신앙을 남김없이 심판하신다.

4. 두레박 (질문: 말씀을 읽고서 떠오르는 질문)

*내가 시드기야였다면 항전 대신 항복을 선택했을까?

*남기지 말아야 할 것을 위해 남김없이 허무시는 하나님의 뜻을 어떻게 받아들여야 할까?

5. 손우물 (한 줄 기도: 짧을수록 마음을 담아)

내 생각을 하나님의 뜻보다 앞세우지 않게 해주십시오.

6. 나비물 (말씀의 실천: 생활 속에서 작은 것부터 실천하기)

모세가 만든 구리 뱀도 산산조각으로 깨뜨려 버리기 (열왕기하 18:1-8, 28-36)

7. 하늘바라기 (오늘의 중보기도: 내 기도를 필요로 하는 이들을 기억하며)

이 땅의 교회가 주님께서 나무라실 몇 가지 것이 무엇인지를 알게 하소서. (요한계시록 2:12-29)

8. 도래샘 (삶 돌아보기: 여유 있는 마음으로 내 삶을 바라보기)

어느 날의 기도

울창했던 잎새
모두 떨군 나무가
가슴에 품었던
새집 하나
허전하게 드러내고선
하늘에 고합니다

제가 한 일은
고작 이것 뿐입니다

내 인생의 잎
모두 지는 날
같은 기도
드리게 하소서

가장 가난한 모습으로 서서
내 품었던 영혼
부디
아주 없지 않았노라고

주님께서 물으실 때

1. 오늘의 성서일과
시편 37:1-9
이사야 7:1-9
마태복음 20:29-34

예레미야애가 3:19-26
예레미야애가 1:7-15

2. 꽃물(말씀 새기기: 오늘의 말씀 중 가장 의미 있게 다가온 말씀)
그들이 예수께 말하였다. "주님, 눈을 뜨는 것입니다."(마태복음 20:33)

3. 마중물(말씀 묵상: 말씀을 묵상한 내용)
눈 먼 사람 둘이 길 가에 앉아 있다가 예수가 지나간다는 말을 들었다. 그러자 그들은 즉각 반응을 한다. 비록 눈은 볼 수 없었지만, 귀는 더욱 열려 있었다. 우리의 삶에는 앞을 보지 못하게 만드는 일들이 수시로 찾아온다. 인생이든 믿음이든 그 눈이 가려질 때, 그때야말로 더욱 귀를 열어야 할 때이다.

그들은 큰 소리로 외쳤다. "다윗의 자손이신 주님, 우리를 불쌍히 여겨 주십시오!" 불쌍히 여겨달라는 것이 돈을 좀 달라는 구걸은 아니었다. 그랬다면 굳이 다윗의 자손이라는 말을 꺼낼 필요가 없었을 것이다. 그들은 예수에 대한 이야기를 듣고는, 예수만이 자신들의 삶을 변화시킬 수 있을 거라는 기대를 가졌을 것이다.

하지만 그들에게 돌아온 것은 무리의 꾸짖음이었다. 맹인인 자가 큰 소리를 내고 있다고 생각했을 것이다. 주제넘은 짓을 하고 있다고 여겼을 것이다. 세상에 주님을 부를 자격이 없는 자는 따로 없다. 혹시 자격이 없다고 생각하는 자가 있다면 바로 그가 자격이 없는 자다.

하지만 그들은 포기하지 않았다. 주눅이 들어 포기하는 대신 더욱 큰 소리로 외쳤다. 그때 예수께서 걸음을 멈추신다. 때로 주님은 우리에게 간절함이 찰 때까지 기다리신다. 예수께서 그들에게 물으셨다. "너희 소원이 무엇이냐?" 그러자 그들이 대답한다. "주님, 눈을 뜨는 것입니다." 예수께서 가엽게 여기시고 그들의 눈에 손을 댄다. 그러자 그들은 곧 다시 보게 되었다. '다시' 보게 되었다는 것은, 그들이 태어날 때부터 맹인이 아니었다는 것을 짐작하게 한다. 처음부터 어둠이었던 사람보다는 빛을 보았던 자가 어둠에 갇혔을 때, 그 아픔이 비교할 수 없을 만큼 클 것이다.

예수를 통해 다시 빛을 보게 된 그들은 예수를 따라간다. 어둔 세상 빛으로 오신 예수를 다시 빛을 보게 된 이들이 따른다.

네 소원이 무엇이냐 주님께서 물으실 때 망설임 없이 대답할 것이 우리에게 있는 것일까? 대답거리를 망설이는 동안 주님은 우리의 여리고를 떠나시는 것은 아닐까?

4. 두레박(질문: 말씀을 읽고서 떠오르는 질문)

*무엇을 원하느냐 물었을 때 보기를 원한다고 대답할 만한 성찰과 용기가 내게는 있는 것일까?

*12제자보다도 은총을 받은 뒤 주님을 따라간 무명의 사람들을 통해 복음이 전해지지 않았을까?

5. 손우물(한 줄 기도: 짧을수록 마음을 담아)

주님께 구할 것을 사람에게 구하지 않게 하소서.

6. 나비물(말씀의 실천: 생활 속에서 작은 것부터 실천하기)

누군가의 간절함을 함부로 판단하거나 꾸짖지 않기

7. 하늘바라기(오늘의 중보기도: 내 기도를 필요로 하는 이들을 기억하며)

이 땅의 교회가 주님께서 나무라실 몇 가지가 무엇인지를 알게 하소서.(요한계시록 2:12-29)

8. 도래샘(삶 돌아보기: 여유 있는 마음으로 내 삶을 바라보기)

쓸모없는 종

1. 오늘의 성서일과   하박국 1:1-4, 2:1-4, 시편 37:1-9   예레미야애가 1:1-6
디모데후서 1:1-14   예레미야애가 3:19-26 또는 시편
누가복음 17:5-10   137

2. 꽃물(말씀 새기기: 오늘의 말씀 중 가장 의미 있게 다가온 말씀)

이와 같이, 너희도 명령을 받은 대로 다 하고 나서 '우리는 쓸모없는 종입니다.
우리는 마땅히 해야 할 일을 하였을 뿐입니다' 하여라.(누가복음 17:10)

3. 마중물(말씀 묵상: 말씀을 묵상한 내용)

'비 오는 날 장독 덮은 자랑'이라는 말이 있다. 당연한 일을 하고서는 특별한 일
을 한 것처럼 자랑하는 경우를 빗댄 말이다. 비 오는 날 장독을 덮는 것은 지당한
일, 그런데도 특별한 일을 한 것처럼 자랑을 한다면 꼴불견이다.

제자들이 주님께 말하였다. "우리에게 믿음을 더하여 주십시오." 그러자 주님께
서 말씀하신다. "너희에게 겨자씨 한 알만한 믿음이라도 있으면, 이 뽕나무더러
'뽑혀서, 바다에 심기어라' 하면, 그대로 될 것이다." 필시 제자들이 원했던 것은
대단한 믿음이었을 터, 그러나 주님은 겨자씨만한 믿음을 말씀하신다. 사람들
기죽이는 굉장한 믿음 말고, 보잘 것 없어 보여도 살아있는 믿음을 꿈꾸라는 의
미로 다가온다.
그렇게 대답하신 뒤 들려주시는 이야기가 있다. 종 이야기이다. 이 또한 주님의
의중이 담긴 이야기였을 것이다. 너희가 제자라면 남 기죽일 수 있는 대단한 믿
음을 원하지 말고 이런 마음을 가져야 한다, 그런 의중이셨을 것이다.
어떤 사람에게 밭을 갈거나 양을 치는 종이 있다. 종이 일을 마치고 들에서 돌아
올 때에 '어서 와서, 식탁에 앉아라.' 하고 말할 사람은 없다. 오히려 종에게 말하
기를 '너는 내가 먹을 것을 준비하여라. 내가 먹고 마시는 동안에, 너는 허리를
동이고 시중을 들어라. 그런 다음에야, 먹고 마셔라.' 한다. 왜냐하면 그것이 종의
도리이기 때문이다. 종이 주인이 명한 대로 했다고 해서, 주인이 그에게 고마워

하는 것도 아니다. 마땅한 일을 했기 때문이다.

주님께서 제자들에게 주는 당부의 요점은 이러하다. "이와 같이, 너희도 명령을 받은 대로 다 하고 나서 '우리는 쓸모없는 종입니다. 우리는 마땅히 해야 할 일을 하였을 뿐입니다.' 하여라."

남 기죽이는 대단한 믿음 가지려 말고 종으로서 마땅한 마음을 지녀라, 주님의 말씀이 아프게 가슴에 박힌다.

4. 두레박 (질문: 말씀을 읽고서 떠오르는 질문)

* 왜 우리는 비 오는 날 장독대 덮은 것을 자랑하려고 할까?
* '저는 쓸모없는 종입니다.'라고 말하는 자가, 쓸모 있는 종 아닐까?

5. 손우물 (한 줄 기도: 짧을수록 마음을 담아)

제가 무익한 종임을 잊지 않게 해주십시오.

6. 나비물 (말씀의 실천: 생활 속에서 작은 것부터 실천하기)

기도하며 고마운 사람 떠올리기 (디모데후서 1:1-14)

7. 하늘바라기 (오늘의 중보기도: 내 기도를 필요로 하는 이들을 기억하며)

교회가 풀처럼 시들 것을 부러워하지 않게 하시고, 이 땅을 살리는 생명의 나무 되게 하소서. (시편 37:1-9)

8. 도래샘 (삶 돌아보기: 여유 있는 마음으로 내 삶을 바라보기)

쓰임 받고 버림받는

1. 오늘의 성서일과 시편 3   시편 137
                      하박국   예레미야애가 1:16-22
                      야고보서 1:2-11

2. 꽃물(말씀 새기기: 오늘의 말씀 중 가장 의미 있게 다가온 말씀)

그러나 제 힘이 곧 하나님이라고 여기는 이 죄인들도 마침내 바람처럼 사라져서
없어질 것이다.(하박국 1:11)

3. 마중물(말씀 묵상: 말씀을 묵상한 내용)

하박국이란 이름의 뜻은 분명하지가 않은데, 학자들은 어떤 원예 식물의 이름 아
닐까 추측을 한다. 시대의 동물성 아픔을 식물성 마음으로 품으려고 했던 사람
아니었을까 생각해 본다. 하박국은 예레미야와 같은 시대에 활동했던 예언자로
짐작이 된다. 멀지 않은 미래에 바벨론이 침공할 것을 내다보고 있다.

살려 달라고 부르짖어도 듣지 않고, 폭력이라 외쳐도 구해 주지 않으니 언제까지
그러실 거냐고, 율법이 해이하고 공의가 시행되지 못하고 공의가 왜곡되어 불의
와 악이 판을 치는데도 어찌 그대로 보게만 하시느냐고, 호소인지 원망인지를 늘
어놓는 하박국에게 하나님이 대답을 하신다.
머잖아 놀라고 질겁할 일이 벌어질 것이라고, 듣고도 도저히 믿지 못할 일이 벌
어질 거라고, 사납고 성급한 민족 바빌로니아 사람을 일으키겠다고, 그들이 부리
는 말은 표범보다 날쌔고 해거름에 나타나는 굶주린 늑대보다도 사납고 그들의
기병은 먼 곳에서 쏜살같이 달려 먹이를 덮치는 독수리처럼 날쌔게 날아올 거라
고 하신다. 아무도 그들을 당해낼 수 없다는 것이다.
설마 하나님이 우리를 버리시겠느냐는 안일한 마음을 산산이 부수신다. 으깨어
바수신다. 바빌로니아는 하나님께서 당신의 백성을 바로잡기 위해 드신 무서운
회초리였다. 하지만 하나님의 말씀은 거기서 끝나지 않는다. 하나님의 회초리로
쓰임 받은 바빌로니아에 대해서도 말씀하신다. 제 힘이 곧 하나님이라고 여기는

그 죄인들도 마침내 바람처럼 사라져서 없어질 것이라 하신다.

결국 바빌로니아는 쓰임 받고 버림당하는 존재가 되고 만다. 하나님께 쓰임 받고 버림이 되는 일은 바울도 경계했던 일이다.(고린도전서 9:27) 쓰임 받고 버림당하는 일이 드문 일이 아니라는 생각이 든다. 마음이 떨린다.

4. 두레박(질문: 말씀을 읽고서 떠오르는 질문)

*쓰임 받고 버림당한 사람 중엔 누가 있을까?

*자신의 한계를 알기 위해서는 무엇이 필요할까?

5. 손우물(한 줄 기도: 짧을수록 마음을 담아)

쓰임 받은 후 버림당하는 일이 부디 없게 해주십시오.

6. 나비물(말씀의 실천: 생활 속에서 작은 것부터 실천하기)

의심하지 말고 기도하기(야고보서 1:2-11)

7. 하늘바라기(오늘의 중보기도: 내 기도를 필요로 하는 이들을 기억하며)

쫓기는 모든 자에게 주님이 방패가 되어 주소서.(시편 3)

8. 도래샘(삶 돌아보기: 여유 있는 마음으로 내 삶을 바라보기)

무거운 짐

1. 오늘의 성서일과 　시편 3 　　　　　　　　시편 137
　　　　　　　　　　　　하박국 2:5-11 　　　　　예레미야애가 2:13-22
　　　　　　　　　　　　요한일서 5:1-5, 13-21

2. 꽃물(말씀 새기기: 오늘의 말씀 중 가장 의미 있게 다가온 말씀)

하나님을 사랑하는 것은 그 계명을 지키는 것입니다. 하나님의 계명은 무거운 짐
이 아닙니다.(요한일서 5:3)

3. 마중물(말씀 묵상: 말씀을 묵상한 내용)

어느 날 주님께서 예레미야를 통해 엄히 경고를 하신다.(예레미야 23장) 어느 누구
도 주님의 말씀을 가리켜 '엄중한 말씀'이라 말하지 말라는 것이다. '엄중한 말
씀'이라 말하는 자를 주님께서 버리겠다고(33절), 벌하겠다고(34절), 중벌이 되게
하겠다고(36절) 거듭해서 경고하신다.

'엄중한 말씀'으로 옮긴 히브리어 '맛사'는 '말씀'이라는 뜻과 함께 '부담', '짐'이
라는 뜻을 가지고 있다. 한 단어가 '말씀'이란 뜻과 '부담'이란 뜻을 동시에 가지
고 있다는 것이 묘한 의미로 다가온다.

믿는 자에게 말씀은 자칫 부담이 될 수 있다. 외면하자니 하나님의 말씀이요, 지
키자니 어렵기 때문이다. 그런 우리의 마음을 잘 알기 때문일 것이다, 주님의 경
고는 단호하다.

"이 백성 가운데 어느 한 사람이나 예언자나 제사장이 너에게 와서 '부담이 되는
주님의 말씀'이 있느냐고 묻거든, 너는 그들에게 대답하여라. '부담이 되는 주님
의 말씀'이라고 하였느냐? 나 주가 말한다. 너희가 바로 나에게 부담이 된다. 그
래서 내가 이제 너희를 버리겠다 말하였다고 하여라."(예레미야 23:33)

"'부담이 되는 주님의 말씀'이라는 표현을 너희가 다시는 써서는 안 된다. 누구든
지 그런 말을 쓰는 사람에게는 그 말이 그에게 정말 부담이 될 것이라고 하여라.
'그렇게 말하는 것은 살아 계신 하나님, 우리의 하나님, 만군의 주의 말씀을 왜곡

하는 것이기 때문'이라고 말하여라."(예레미야 23:36)

"하나님을 사랑하는 것은 그 계명을 지키는 것입니다. 하나님의 계명은 무거운 짐이 아닙니다." 하나님의 말씀에 관한 요한일서의 한 구절이 명쾌하다.

4. 두레박(질문: 말씀을 읽고서 떠오르는 질문)

* 하나님의 말씀이 무거운 짐이 아니라는 말씀이, 말씀을 가볍게 만드는 것은 아닐까?
* 잘 웃기는 목사의 설교가 인기를 끄는(끌었던) 현상은 무엇일까?

5. 손우물(한 줄 기도: 짧을수록 마음을 담아)

말씀을 부담이 아닌 고마움으로 받게 해주십시오.

6. 나비물(말씀의 실천: 생활 속에서 작은 것부터 실천하기)

부당한 이득에 관심두지 않기(하박국 2:5-11)

7. 하늘바라기(오늘의 중보기도: 내 기도를 필요로 하는 이들을 기억하며)

이 땅에서 거짓 환상과 거짓 예언이 사라지게 하소서.(예레미야애가 2:13-22)

8. 도래샘(삶 돌아보기: 여유 있는 마음으로 내 삶을 바라보기)

때 아닌 때

1. 오늘의 성서일과

시편 3
하박국 2:12-20
마가복음 11:12-14, 20-24

시편 137
예레미야애가 5:1-22

2. 꽃물(말씀 새기기: 오늘의 말씀 중 가장 의미 있게 다가온 말씀)

멀리서 잎이 무성한 무화과나무를 보시고, 혹시 그 나무에 열매가 있을까 하여 가까이 가서 보셨는데, 잎사귀 밖에는 아무것도 없었다. 무화과의 철이 아니었기 때문이다.(마가복음 11:13)

3. 마중물(말씀 묵상: 말씀을 묵상한 내용)

고등학교 3학년 때였다. 대학 입시를 앞두고 학교 도서실에 남았다가 늦은 밤 돌아오고는 했다. 학교에서 버스를 탈 수 있는 도로까지의 진입로가 꽤 길었다. 함께 그 길을 걷던 친구가 내게 물었다. 죽기 5분 전에 회개해도 천국에 갈 수 있느냐는 것이었다. 생뚱맞은 질문이라 여기면서도 예수 곁 십자가의 강도 이야기를 하며 가능하지 않겠느냐 대답을 했다. 친구의 의도가 궁금하여 질문한 이유를 물었는데, 친구 대답이 재미있었다. 그럴 수 있다면 자기는 그 편을 택하고 싶다는 것이었다. 기독교인이 아닌 그가 미션스쿨에 다니면서 하나님 말씀을 듣고 배우다 보니, 말씀대로 사는 것은 너무 어렵고 자유를 빼앗기는 것 같다는 것이었다. 그러니 마음대로 살다가 5분 전에 회개하여 천국에 들어가고 싶다는 것이었다. 그건 아니지 싶으면서도 친구 마음에 닿을 만한 대답을 하지 못했다.

열매를 찾던 무화과나무에 잎사귀 외에 아무것도 없자 예수는 나무를 저주한다. 다음날 보니 그 나무는 뿌리째 말라 있었다. 겉모습은 신앙인인데 아무런 신앙의 열매가 없는, 허울뿐인 신앙에 대한 경고였을 것이다.
하지만 한 가지 마음에 걸리는 대목이 있다. '이는 무화과의 때가 아님이라.'는 구절이다. 무화과 열매가 달릴 철이 아닌데, 열매를 찾았던 것이다.
열매 없었던 것이 어찌 나무 탓일까 싶은 생각이 드는데, 그 생각을 가로막는 생각 하나가 있다. 주님은 때 아닌 때에 열매를 찾을 수 있는 분이고, 우리는 그 때가 언제든 열매를 내어놓아야 하는 존재라는 생각이다.

고등학교 시절 내게 질문했던 친구를 다시 만나면 무화과나무 이야기를 들려주려 한다. 죽기 5분 전에 회개하면 천국에 갈 수 있다는 생각은 지금도 변함이 없지만, 한 가지 문제는 우리 인간은 내 인생의 마지막 5분이 언제 찾아올지를 아무도 모른다는 대답 말이다.

4. 두레박(질문: 말씀을 읽고서 떠오르는 질문)
*아무리 경고의 의미를 담고 있다 해도, 무화과나무를 말려 죽인 일은 정당한 일일까?
*때 아닌 때에 찾아도 열매를 내놓아야 하는 것에 우리의 피조성이 담겨 있는 것 아닐까?

5. 손우물(한 줄 기도: 짧을수록 마음을 담아)
때 아닌 때를 늘 염두에 두고 살게 해주십시오.

6. 나비물(말씀의 실천: 생활 속에서 작은 것부터 실천하기)
시온 산에 여우가 아니라 사람이 거하게 하기(예레미야애가 5:1-22)

7. 하늘바라기(오늘의 중보기도: 내 기도를 필요로 하는 이들을 기억하며)
바다에 물이 가득하듯이, 주의 영광을 아는 지식이 땅 위에 가득하게 하소서.(하박국 2:12-20)

8. 도래샘(삶 돌아보기: 여유 있는 마음으로 내 삶을 바라보기)

아픈 이름

1. 오늘의 성서일과   시편 111   시편 66:1-12
                               레위기 14:33-53   예레미야 25:1-14
                               디모데후서 1:13-18

2. 꽃물(말씀 새기기: 오늘의 말씀 중 가장 의미 있게 다가온 말씀)

그대도 알다시피, 아시아에 있는 사람이 모두 나를 버렸습니다. 그들 가운데는
부에스겔로와 허모게네가 들어 있습니다.(디모데후서 1:15)

3. 마중물(말씀 묵상: 말씀을 묵상한 내용)

주님은 열두 제자를 세상으로 보내시며 "어느 곳에서든지, 너희를 영접하지 않
거나, 너희의 말을 듣지 않거든, 그 곳을 떠날 때에 너희의 발에 묻은 먼지를 떨
어서, 그들을 고발할 증거물로 삼아라."(마가복음 6:11)라고 하셨다. 모두가 너희를
환영하지는 않을 거라고, 환영받지 못하는 것을 이상하게 여기거나 그것을 억지
로 극복하려고 하지 말라고 하신다. 복음을 모시고 떠난 길이니 당연히 환대를
받고 너희가 원하는 대로 일이 이루어져야 한다는 생각을 내려놓으라고 했다.

주님의 말씀이 바울을 통해서도 이루어진다. 바울 같은 전도자가 우리 마을을,
우리 교회를, 나를 찾아온다면 얼마나 대단한 일일까 싶지만, 꼭 그랬던 것은 아
닌 것 같다. 바울은 믿음의 아들 디모데에게 자신의 속내를 털어놓는다.
아시아에 있는 사람이 모두 나를 버렸다고 말한다. 복음 전도자의 대가라 여겨지
는 바울의 말이라는 점에서 이런 말은 낯설다. 열정적으로 복음을 전했는데 그들
이 모두, 한둘도 아니고 모두가 자신을 버렸다니, 그런 일을 경험한 바울의 마음
은 얼마나 아팠을까? 그런 말을 하는 바울의 심정은 얼마나 괴로웠을까?
자신을 버린 사람들 중에서 바울은 두 사람의 이름을 거명한다. 부에스겔로와 허
모게네다. 얼마나 바울의 마음을 아프게 했으면 그들의 이름을 적었을까? "사랑
은 모든 것을 덮어 주며, 모든 것을 믿으며, 모든 것을 바라며, 모든 것을 견딥니
다."(고린도전서 13:7)라고 말했지만, 그런 바울조차도 견디기 힘들었던, 덮어주기

내 년   월   일   요일

어려웠던 이들이 있었던 것이다.

인생에 있어서나 믿음에 있어 대단한 일을 꿈꿀 것이 아니다. 내가 누군가에게 아픈 이름으로 남지 않기를!

4. 두레박(질문: 말씀을 읽고서 떠오르는 질문)

＊바울은 왜 모든 사람이 나를 버렸다고 한 것일까?

＊내가 아픈 이름으로 남아 있는 사람은 누구일까?

5. 손우물(한 줄 기도: 짧을수록 마음을 담아)

부디 제가 누군가에게 아픈 이름으로 남지 않게 해주십시오.

6. 나비물(말씀의 실천: 생활 속에서 작은 것부터 실천하기)

삶에 핀 곰팡이를 살피기(레위기 14:33-53)

7. 하늘바라기 (오늘의 중보기도: 내 기도를 필요로 하는 이들을 기억하며)

살아계신 하나님 말씀에 귀를 기울이는 이 백성 되게 하소서.(예레미야 25:1-14)

8. 도래샘(삶 돌아보기: 여유 있는 마음으로 내 삶을 바라보기)

듣지 말아야 할 말

1. 오늘의 성서일과　　시편 111　　　　　　시편 66:1-12
　　　　　　　　　　　민수기 4:34-5:4　　예레미야 27:1-22
　　　　　　　　　　　디모데후서 2:1-7

2. 꽃물(말씀 새기기: 오늘의 말씀 중 가장 의미 있게 다가온 말씀)

그러므로 너희에게 있는 예언자들이나 점쟁이들이나 해몽가들이나 박수들이나
마술사들이 너희에게 바빌로니아 왕을 섬기지 않게 될 것이라고 말해도, 너희는
듣지 말아라.(예레미야 27:9)

3. 마중물(말씀 묵상: 말씀을 묵상한 내용)

감탄고토(甘呑苦吐)라는 말이 있다. 달면 삼키고 쓰면 뱉는다는 뜻으로, 제 비위에
맞으면 좋아하고 맞지 않으면 싫어한다는 말이다. 관상용 물고기를 보면 놀라울
만큼 판단이 빠르다. 눈에 띄는 것을 입으로 먹었다가 그것이 먹이가 아니라는
것을 알았을 때, 그야말로 순식간에 내뱉는다. 먹는 순간과 내뱉는 순간의 차이
가 거의 없다 할 만큼 짧다. 그 짧은 시간에 어떤 기관으로 무엇을 판단해서 삼킬
지 내뱉을지를 결정하는 것인지 감탄을 할 정도이다.

하나님의 말씀 앞에서 사람들이 보이는 반응도 크게 다르지 않다. 물고기보다야
시간이 더 걸리겠지만, 달면 삼키고 쓰면 뱉는다. 거짓 예언자들이 거짓 예언을
한다. 하나님이 우리를 지킬 것이라고, 설마 하나님이 하나님을 믿는 우리를 버
리시겠느냐고, 바빌로니아로부터 우리를 지키실 것이라고 예언을 한다. 백성들
은 그 말을 믿고 받아들인다. 자기들이 바라는 바요, 자신들의 생각과 같기 때문
이다.
거짓 예언자뿐만이 아니다. 점쟁이들, 해몽가들, 박수들, 마술사들, 귀에 단 말을
하는 이들은 많다. 수요가 있는 곳에 공급이 있게 마련이다.
하지만 하나님의 뜻은 이미 정해졌다. 인간이 그것을 되돌리기에는 늦었다. 목이
곧은 백성을 바로잡기 위해 하나님은 바빌로니아라는 몽둥이를 택하신 것이다.

60

거짓 예언자들의 달콤한 말을 듣게 되면, 고향 땅에서 멀리 쫓겨나게 된다. 그러나 바빌로니아 왕의 멍에를 목에 메고 그를 섬기면 고향 땅에 남아 농사를 지으며 그대로 살 수 있게 된다. 그것이 하나님의 뜻이었다.

병을 고치기 위해서라면 약이 써도 먹고, 부끄러운 부분을 의사에게 보이며 진찰도 받고, 그것으로 안 되면 수술을 받으면서도, 어찌 하나님의 말씀은 쓰다 하여 내뱉는 것일까?

4. 두레박(질문: 말씀을 읽고서 떠오르는 질문)

*오늘도 복을 외치는 이들이 많고, 그것을 좋아하며 따르는 이들도 많다. 과연 한국교회 강단은 건강하고 바른 것일까?

*예레미야처럼 귀에 쓴 소리를 외치면 어떤 결과가 찾아올까?

5. 손우물(한 줄 기도: 짧을수록 마음을 담아)

사람들의 귀를 의식하지 않고 말씀을 전하게 해주십시오.

6. 나비물(말씀의 실천: 생활 속에서 작은 것부터 실천하기)

그리스도 예수의 훌륭한 군사답게 고난을 함께 달게 받기(디모데후서 2:1-7)

7. 하늘바라기(오늘의 중보기도: 내 기도를 필요로 하는 이들을 기억하며)

우리가 겪는 고난이 은을 달구어 정련하듯 하나님이 우리를 연단하는 것임을 알게 하소서.(시편 66:1-12)

8. 도래샘(삶 돌아보기: 여유 있는 마음으로 내 삶을 바라보기)

얼싸안기

1. 오늘의 성서일과
시편 111
민수기 12:1-15
누가복음 5:12-16

시편 66:1-12
예레미야 28:1-17

2. 꽃물(말씀 새기기: 오늘의 말씀 중 가장 의미 있게 다가온 말씀)
예수께서 손을 내밀어서, 그에게 대시고 "그렇게 해주마. 깨끗하게 되어라." 하고 말씀하시니, 곧 나병이 그에게서 떠나갔다.(누가복음 5:13)

3. 마중물(말씀 묵상: 말씀을 묵상한 내용)
'얼싸안기'라는 우리말이 있다. 얼싸안기 하면 대뜸 사랑하는 사람들이 서로를 뜨겁게 끌어안는 것을 떠올릴 것 같다. 어머니가 군대에 가는 아들을 뜨겁게 끌어안거나, 전쟁에서 돌아온 아버지가 어린 자식들을 끌어안거나, 수십 년 세월을 헤어져 살던 남과 북의 가족들이 극적 상봉을 하는 장면을 떠올리기도 할 것이다.

하지만 얼싸안기의 의미는 조금 다르다. 말 그대로 얼을 감싸 안는 것이 얼싸안기다. '얼'이란 정신 혹은 넋을 뜻하는 우리말이다. 단지 몸이 아니라 한 인간의 가장 깊은 내면을 의미한다. 몸을 끌어안음으로 그의 가장 깊은 곳을 끌어안는 것이 얼싸안기다.

예수께서 어떤 동네에 계실 때에, 온 몸에 나병이 든 사람이 찾아 왔다. 나병은 천형(天刑), 누구든지 나병에 걸리면 성한 사람에게 접근할 수 없었다. 그런데 그가 예수를 찾아온 것이다. 그는 얼굴을 땅에 대고 엎드려 간청한다. "주님, 하고자 하시면 나를 깨끗하게 해주실 수 있습니다."

여느 사람 같았으면 기겁을 하며 뒷걸음질을 쳤을 것이다. 혹 능력이 많은 사람이라면 저만치 안전한 거리를 두고 말로 그를 고쳤을 것이다. 하지만 예수는 다른 모습을 보인다. 손을 내밀어서 그에게 대며 "그렇게 해주마. 깨끗하게 되어라." 하자 곧 나병이 그에게서 떠나갔다.

이 대목에서 나는 화들짝 놀란다. 숨이 멎는 것 같다. 세상에, 나병환자에게 손을 대다니! 손마디가 떨어져나간 그의 손을 마주 잡았을까, 피고름이 흐르는 머리를 어루만지셨을까. 가장 거룩한 손으로 가장 큰 고통을 어루만지신다.

한 가지 분명한 사실이 있다. 깨끗해져라 말씀하기 전에 먼저 손으로 어루만졌다는 것이다. 이는 예수의 얼싸안기이다. 세상에, 이보다 더 간절한 얼싸안기가 어디 있겠는가?

4. 두레박(질문: 말씀을 읽고서 떠오르는 질문)
*나병처럼 모두에게 버림당한 채 살아가는 사람들은 오늘 누구일까?
*우리는 왜 그들을 얼싸안지 못하는 것일까?

5. 손우물(한 줄 기도: 짧을수록 마음을 담아)
아픈 사람들을 향해 두려움 없이 얼싸안기를 하게 해주십시오.

6. 나비물(말씀의 실천: 생활 속에서 작은 것부터 실천하기)
함부로 비방하지 않기(민수기 12:1-15)

7. 하늘바라기(오늘의 중보기도: 내 기도를 필요로 하는 이들을 기억하며)
이 땅에 온갖 거짓 선지자가 사라지게 하소서.(예레미야 28:1-17)

8. 도래샘(삶 돌아보기: 여유 있는 마음으로 내 삶을 바라보기)

아홉은 어디에

1. 오늘의 성서일과 열왕기하 5:1-3, 7-15c, 시편   누가복음 17:11-19
111   예레미야 29:1,4-7
디모데후서 2:8-15   시편 66:1-12

2. 꽃물(말씀 새기기: 오늘의 말씀 중 가장 의미 있게 다가온 말씀)

그래서 예수께서 말씀하셨다. "열 사람이 깨끗해지지 않았느냐? 그런데 아홉 사람은 어디에 있느냐?"(누가복음 17:17)

3. 마중물(말씀 묵상: 말씀을 묵상한 내용)

예수께서 예루살렘으로 가는 길이었다. 사마리아와 갈릴리 사이로 지나가며 어떤 마을에 들어가게 되었는데, 그곳에서 나병환자 열 사람을 만났다. 그들은 감히 예수께로 가까이 다가오지 못한다. 율법이 정한 자신들의 비참함을 잘 알고 있었을 것이다. 그동안의 경험도 그만한 거리가 필요하다는 것을 일러주었을 것이다. 그들은 멀찍이 멈추어 서서, 소리를 높여 말하였다. 거리를 극복할 수 있는 것은 간절함, 거리가 떨어져 있는 만큼 목소리를 높였을 것이다.

예수는 전에도 나병환자를 고쳐주신 일이 있다.(누가복음 5장) 거리를 지우고 가까이 다가온 사람을 어루만짐으로 고치셨던 예수께서, 저만치 떨어져 외치는 이들에게 말씀하신다. "가서, 제사장들에게 너희 몸을 보여라." 지난번 하고는 다르다. 예수를 만난 자리에서 고침을 받는 것이 아니었다. 하지만 그들은 말씀을 따른다. 그런데 놀라운 일이 일어났다. 길을 가는 동안에 몸이 깨끗해진 것이었다. 그런데 그들 중 한 사람만이 예수께로 돌아온다. 그는 자기의 병이 나은 것을 보고 큰 소리로 하나님께 영광을 돌리면서 되돌아와서 예수의 발 앞에 엎드려 감사를 드렸다.

두 가지가 놀랍다. 열 명이 고침을 받았는데, 한 사람만 돌아와 감사를 드린다. 나머지 아홉은 어디로 갔을까? 돌아온 사람은 사마리아 사람이었다. 유대인들이 무시하고 경멸하는 사람이었다. 믿음이 좋다고 자부하는 이들은 자기 길을 갔고, 사마리아 사람만이 돌아와 감사를 드린다.

돌아와 감사를 드린 사마리아 사람에게는 다른 아홉이 얻지 못한 은총이 더해진다. 감사하는 마음으로 꿇어 엎드린 사마리아 사람에게 예수는 이렇게 말씀하신다. "일어나서 가거라. 네 믿음이 너를 구원하였다." 아홉은 병 고침을 받았지만, 사마리아 사람은 병 고침보다 귀한 구원을 받았다.

4. 두레박(질문: 말씀을 읽고서 떠오르는 질문)

＊나머지 아홉은 어디로 갔을까?

＊병 고침과 구원, 무엇이 더 중할까?

5. 손우물(한 줄 기도: 짧을수록 마음을 담아)

부디 제가 아홉에 속하지 않게 해주십시오.

6. 나비물(말씀의 실천: 생활 속에서 작은 것부터 실천하기)

하나님께서 택하여 주신 사람들을 위해서 모든 것을 참기(디모데후서 2:8-15)

7. 하늘바라기(오늘의 중보기도: 내 기도를 필요로 하는 이들을 기억하며)

세상 사람들을 은총의 자리로 이끌 수 있게 하소서.(열왕기하 5:1-3, 7-15c)

8. 도래샘(삶 돌아보기: 여유 있는 마음으로 내 삶을 바라보기)

나와 같이 되기를

1. 오늘의 성서일과   시편 61   시편 102:1-17
                        열왕기하 5:15-19a   예레미야 29:8-23
                        사도행전 26:24-29

2. 꽃물(말씀 새기기: 오늘의 말씀 중 가장 의미 있게 다가온 말씀)
바울이 대답하였다. "짧거나 길거나 간에, 나는 임금님뿐만 아니라, 오늘 내 말을
듣고 있는 모든 사람이, 이렇게 결박을 당한 것 외에는, 꼭 나와 같이 되기를 하
나님께 빕니다."(사도행전 26:29)

3. 마중물(말씀 묵상: 말씀을 묵상한 내용)
누군가에게 나를 본받으라고 말하는 것은 거북한 일이다. 무엇보다도 교만하게
보인다. 그렇게 말하는 것은 마치 자기 자신을 완벽한 사람으로 여기는 것처럼
보인다. 차라리 나를 본받지 말라 말하는 것이 겸손하고 설득력 있게 보인다.
그런데 바울은 나를 본받으라고 말한다. 그것도 고린도교회 교인들에게 말한
다.(고린도전서11:1) 바울은 무슨 자신이 있었던 것일까? 교회를 시작한 사람이라고
자신을 흠 하나 잡을 것 없는 사람으로 비쳐지길 원했던 것일까?
아니다. 바울이 나를 본받으라고 말한 데는 이유가 있다. 나를 본받는 사람이 되
라는 말을 하기 전에 전제처럼 한 말이 있기 때문이다. "내가 그리스도를 본받는
사람인 것과 같이"라는 말이다. 내가 얼마나 마음을 다하여 그리스도를 본받기
를 원하는지, 주님을 닮기 원하는 나를 본받아 여러분도 그리스도를 본받는 사람
이 되기를 바랍니다. 했던 것이었다.

벨릭스 후임으로 총독으로 부임한 베스도와 취임 인사차 방문한 아그립바 왕 앞
에서 바울이 재판을 받는다. 바울을 제거하기를 원했던 대제사장들과 유대 사람
의 지도자들이 바울을 고발한 터였다. 판결에 따라 자신의 앞날이 결정될 수 있
는 자리, 하지만 바울은 비겁하지 않았고 타협하지 않았다. 오히려 베스도와 아
그립바를 설득하려고 한다. 재판을 받으면서도 바울의 마음은 한결같았다. "오늘

내 말을 듣고 있는 모든 사람이, 이렇게 결박을 당한 것 외에는, 꼭 나와 같이 되기를 하나님께 빕니다."

나를 본받으라고 할 수 있을 만큼 주님을 본받는 사람이 되기를!

4. 두레박(질문: 말씀을 읽고서 떠오르는 질문)

*내가 본받고 싶은 사람은 누구일까?

*온 마음으로 그리스도를 본받는다는 것은 어떤 삶을 말할까?

5. 손우물(한 줄 기도: 짧을수록 마음을 담아)

나를 바라보는 이들이 주님에 대한 갈증을 느낄 수 있는 사람으로 살게 해주십시오.

6. 나비물(말씀의 실천: 생활 속에서 작은 것부터 실천하기)

주님을 위하여 거절할 것을 거절하기(열왕기하 5:15-19a)

7. 하늘바라기(오늘의 중보기도: 내 기도를 필요로 하는 이들을 기억하며)

지붕 위의 외로운 새 한 마리와도 같이, 잠 못 이루는 이들을 위로하소서.(시편 102:1-17)

8. 도래샘(삶 돌아보기: 여유 있는 마음으로 내 삶을 바라보기)

하나님이 주시는 무기

1. 오늘의 성서일과 시편 61 시편 102:1-17
열왕기하 5:19b-27 예레미야 29:24-32
에베소서 6:10-20

2. 꽃물(말씀 새기기: 오늘의 말씀 중 가장 의미 있게 다가온 말씀)

그러므로 하나님이 주시는 무기로 완전히 무장하십시오. 그래야만 여러분이 악한 날에 이 적대자들을 대항할 수 있으며 모든 일을 끝낸 뒤에 설 수 있을 것입니다.(에베소서 6:13)

3. 마중물(말씀 묵상: 말씀을 묵상한 내용)

사탄은 이간하는 자다. 하나님과 우리 사이를 벌어지게 한다. 때로는 환란으로 때로는 욕심으로, 그렇게 할 수 있는 거라면 무엇이든 사용한다. 악마의 간계에 맞서기 위해서는 준비가 필요하다. 우리의 싸움은 인간을 적대자로 상대하는 것이 아니라, 통치자들과 권세자들과 이 어두운 세계의 지배자들과 하늘에 있는 악한 영들을 상대로 한다. 눈에 보이는 하나의 확실한 존재라면 쉬울 수 있다. 하지만 악마의 간계는 그리 단순하지 않다. 우리의 허점이 어디에 있는지, 무엇에 가장 약한지, 언제 빈틈을 보이는지를 잘 알고 공격을 한다. 그것을 막고 이겨내기에 우리의 힘만으로는 부족하다. 하나님의 도우심이 필요하다. 하나님이 주시는 무기, 온몸을 덮는 갑옷이 필요하다.

하나님이 주시는 무기는 크게 두 종류로 나눌 수 있다. 하나는 방어용이고 다른 하나는 공격용이다. 둘 중 하나가 없으면 싸움에서 이길 수가 없다. 악마의 간계를 막아내기 위해서는 하나님이 주시는 전신갑주가 필요하다. 진리의 허리띠, 정의의 가슴막이, 평화의 복음을 전할 수 있는 신, 믿음의 방패, 구원의 투구 등 필요한 것이 제법 많다. 어느 것 하나가 빠져도 악마는 그 틈을 공격할 터, 완전무장이 필요하다.

유일한 공격 무기가 있다. 성령의 검이다. 막는 것에만 매달리면 지치게 된다. 때로는 단번에 베야 한다. 그러기 위해 필요한 것이 성령의 검이다. 성령의 검이란 곧 하나님의 말씀이다. 하나님의 말씀이 성령의 검이다.

허점투성이로 살아가며 믿음을 지킨다는 것은 허황된 말이다. 믿음을 지키기 위해서는 무기가 필요하다. 나를 지킬 수 있는 방어용 전신갑주와 악마를 단번에 벨 수 있는 검이 필요하다. 말씀은 악마의 간계를 이길 수 있는 검이다. 광야의 시험을 예수도 말씀으로 이겼다.

4. 두레박(질문: 말씀을 읽고서 떠오르는 질문)
*전신갑주 중 지금 내게 가장 부족한 부분은 무엇인가?
*하나님의 말씀을 나는 예리한 검으로 사용하고 있는가?

5. 손우물(한 줄 기도: 짧을수록 마음을 담아)
하나님의 말씀이 악마의 간계를 베는 예리한 검이 되게 해주십시오.

6. 나비물(말씀의 실천: 생활 속에서 작은 것부터 실천하기)
헛된 욕심에 눈멀지 않기(열왕기하 5:19b-27)

7. 하늘바라기(오늘의 중보기도: 내 기도를 필요로 하는 이들을 기억하며)
의를 위하여 핍박받는 자를 위하여 기도하게 하소서.(예레미야 29:24-32)

8. 도래샘(삶 돌아보기: 여유 있는 마음으로 내 삶을 바라보기)

부득이한 것만을 한 손에 움켜쥐고

1. 오늘의 성서일과 시편 61 시편 102:1-17
열왕기하 15:1-7 예레미야 25:15-32
마태복음 10:5-15

2. 꽃물(말씀 새기기: 오늘의 말씀 중 가장 의미 있게 다가온 말씀)

전대에 금화도 은화도 동전도 넣어 가지고 다니지 말아라. 여행용 자루도, 속옷
두 벌도, 신도, 지팡이도, 지니지 말아라. 일꾼이 자기 먹을 것을 얻는 것은 마땅
하다.(마태복음 10:9-10)

3. 마중물(말씀 묵상: 말씀을 묵상한 내용)

둘씩 짝지어 제자들을 세상에 보내는 심정을 예수는 '어린 양을 이리 떼 속으로'
보내는 것 같다고 했다.(누가복음 10:3) 어린 양과 이리 떼는 약함과 악함을 떠올리
게 한다. 그나마 경험이 많은 양이 아니라, 어린 양이다. 어린 양은 이리가 어떻게
생겼는지, 어떤 성질을 가지고 있는지, 얼마나 사납고 거친지를 모른다. 설령 직
감적으로 알아차린다 해도 이리 떼 속으로 가는 어린 양에게는 자신을 지킬만한
것이 그 어떤 것도 없다.

예수는 어린 양을 이리 떼 사이로 보내며 이리 떼를 이기는 비결을 일러주지 않
았다. 이리를 피하여 숨는 법을 알려준 것도 아니다. 이리에게 비위를 맞추라고
한 것도 아니었다. 그냥 어린 양을 이리 떼 속으로 보낸다.

하지만 어린 양과 같은 제자들을 이리 떼 같은 세상으로 보내며 당부하는 것이
있다. 전대에 금화도 은화도 동전도 넣어 가지고 다니지 말고, 여행용 자루도,
속옷 두 벌도, 신도, 지팡이도 지니지 말라고 한다. 제자들이 거친 세상으로 나아
가기 위해서는 준비해야 할 것들이 많다. 전대에는 돈을 채우고, 자루에는 곡식
과 비상용 약품을 챙기고, 옷과 신발과 지팡이 등도 챙겨두어야 그나마 이리 떼
같은 세상을 견딜 수가 있다. 그런데 주님은 아예 그런 것들을 챙기지 말고 무방
비로 가라고 한다.

어떤 이들은 전대에 돈을 채우느라, 자루에 곡식과 약품을 준비하느라, 신과 옷과 지팡이를 준비하느라 세상으로 떠나지 못한다. 아직 준비가 덜 되었다고 겸손하게 말하지만, 무모하게 떠날 마음이 없는 것이다. 그러던 중 그것이 채워졌을 때, 떠나는 것도 아니다. 막상 채워지고 나면 다른 길을 떠난다. 내가 원하던 길을 간다.

4. 두레박 (질문: 말씀을 읽고서 떠오르는 질문)

*어린 양이 이리 떼 가운데로 가려면 더 많은 것들을 준비해야 하지 않을까?

*아직 준비가 되지 않았다며 오지로 떠나기를 피하는 것은 겸손일까, 도피일까?

5. 손우물 (한 줄 기도: 짧을수록 마음을 담아)

부르심의 길을 무방비로 갈 수 있게 해주십시오.

6. 나비물 (말씀의 실천: 생활 속에서 작은 것부터 실천하기)

내 안에 산당을 남겨두지 않기 (열왕기하 15:1-7)

7. 하늘바라기 (오늘의 중보기도: 내 기도를 필요로 하는 이들을 기억하며)

누구나 존경할 수 있는 지도자가 이 나라에 세워지게 하소서. (시편 61)

8. 도래샘 (삶 돌아보기: 여유 있는 마음으로 내 삶을 바라보기)

접점(接點)

1. 오늘의 성서일과

시편 121   시편 119:97-104

이사야 54:11-17   예레미야 26:1-15

사도행전 17:22-34

2. 꽃물(말씀 새기기: 오늘의 말씀 중 가장 의미 있게 다가온 말씀)

내가 다니면서, 여러분이 예배하는 대상들을 살펴보는 가운데, '알지 못하는 신에게'라고 새긴 제단도 보았습니다. 그러므로 나는 여러분이 알지 못하고 예배하는 그 대상을 여러분에게 알려 드리겠습니다.(사도행전 17:23)

3. 마중물(말씀 묵상: 말씀을 묵상한 내용)

내게 있어 바울은 한 사람이라도 더 구원하기 위하여 모든 사람에게 모든 사람이 되려고 했던 사람이다. 자신은 어느 누구에게도 얽매이지 않은 자유로운 몸이지만, 스스로 모든 사람의 종이 되었다. 율법 아래 있는 사람들에게는 율법 아래 있는 사람 같이 되었고, 율법이 없이 사는 사람들에게는 율법 없이 사는 사람 같이 되었다. 유대인에게는 유대인 같이, 믿음이 약한 사람들에게는 약한 사람이 되었다. 모든 종류의 사람에게 모든 것이 다 되었던 것은 어떻게 해서든지 그들 가운데서 몇 사람이라도 구원하려는 것이었다.(고린도전서 9:22) 누가 그를 줏대가 없다 말할 수 있겠는가?

아레오바고 법정에 선 바울이 아테네 시민들에게 말하기 시작한다. 먼저 그는 아테네 시민들의 종교성을 인정하고 칭찬한다. 바울의 믿음대로라면 인정할 수 없는 신앙이었지만, 그들은 인정하고 칭찬하는 말로 시작한다. 그런 뒤 그들이 섬기고 있던 수많은 신들 중의 하나인 '알지 못하는 신'에 대해 말하기 시작한다. 아테네 사람들이 알지도 못한 채 예배하고 있는 대상을 그들에게 알리기 시작한다. 뿐만이 아니다. 그들의 시인 가운데 어떤 이들이 했던 말 '우리도 하나님의 자녀이다.'라는 말을 인용한다. 그들이 알고 있는 시인의 말처럼 우리 모두가 하나님 안에서 살고 움직이고 존재하고 있다고, 그러니 하나님의 자녀인 우리는 신을 사람의 기술과 고안으로 금이나 은이나 돌에다가 새겨서 만든 것과 같다고 생각해서는 안 된다고 밝힌다.

모든 바울의 모습 속에 보이는 것이 있다. 바울은 지금 접점을 찾고 있고, 찾아낸다. 접점을 찾지 못하고 낯선 사람을 만나 이야기를 나눈다는 것은 불가능하다. 하물며 마음을 나누는 일이 어찌 가능하겠는가? 바울의 말을 듣고 몇몇 사람이 신자가 되었다. 어디 복음의 능력을 숫자로 확인할까, 몇몇 사람들은 바울이 찾아낸 접점의 결과였다.

4. 두레박(질문: 말씀을 읽고서 떠오르는 질문)

*상대를 인정하지 않고 대화가 가능할까?

*어디까지 인정하는 것이 가능한 것일까?

5. 손우물(한 줄 기도: 짧을수록 마음을 담아)

접점을 찾을 수 있는 눈과 마음을 갖게 해주십시오.

6. 나비물(말씀의 실천: 생활 속에서 작은 것부터 실천하기)

말씀 안에서 희망 찾기(이사야 54:11-17)

7. 하늘바라기(오늘의 중보기도: 내 기도를 필요로 하는 이들을 기억하며)

이 땅의 교회가 나를 버려 주님의 뜻을 지키게 하소서.(예레미야 26:1-15)

8. 도래샘(삶 돌아보기: 여유 있는 마음으로 내 삶을 바라보기)

망루(望樓)

1. 오늘의 성서일과

시편 121
창세기 31:43-32:2
디모데후서 2:14-26

시편 119:97-104
예레미야 26:16-24

2. 꽃물(말씀 새기기: 오늘의 말씀 중 가장 의미 있게 다가온 말씀)

이 돌무더기를 미스바라고도 하는데, 그것은 라반이 "우리가 서로 떨어져 있는 동안에, 주님께서 자네와 나를 감시하시기 바라네." 하고 말하였기 때문이다.(창세기 31:49)

3. 마중물(말씀 묵상: 말씀을 묵상한 내용)

더 이상 외삼촌 집에 머무는 것이 의미 없다고 생각한 야곱이 서둘러서 라반의 집을 떠난다. 야곱은 외삼촌이 낌새를 알아채지 못하도록 식구들과 모든 소유를 챙겨 황급히 길을 떠났다. 사흘 만에야 그 사실을 알게 된 라반은 친족을 이끌고 이렛길을 쫓아가 야곱을 만난다.

어찌 자신을 속이고 아무 말도 없이 몰래 도망쳐 나올 수가 있느냐며, 라반은 야곱에게 크게 분노한다. 그런 라반에게 야곱은 자신이 보낸 지난 시간이 낮에는 더위에 시달리고 밤에는 추위에 떨면서, 눈 붙일 겨를도 없이 지낸 시간이었음을, 그런데도 정당한 대우를 받지 못한 시간이었음을 밝힌다. 두려운 하나님이 야곱을 지켜주셨다는 이야기가 마음에 걸렸던 것일까, 혹시라도 지난 시간에 있었던 일들이 훗날 갈등의 불씨가 될지도 모른다고 생각한 것일까, 라반은 야곱과 언약 맺을 것을 제안한다.

야곱이 돌을 가져 와서 기둥으로 세우고, 친족들에게도 돌을 모으게 하여 돌무더기를 만들고, 돌무더기 옆에서 잔치를 벌여 함께 먹은 후 라반은 그 돌무더기를 여갈사두다라고 하고 야곱은 그것을 갈르엣이라 하였다. 그것은 각각 아람어와 히브리어로 '돌무더기'라는 뜻이다. 서로 돌무더기를 넘어 서로를 치는 일이 없게 하자는 뜻이었다.

그 돌무더기를 '미스바'라고도 하는데, 그렇게 부른 데에는 이유가 있다. "우리가

서로 떨어져 있는 동안에, 주님께서 자네와 나를 감시하시기 바라네." 하고 라반
이 말하였기 때문이다. 미스바는 '망루'라는 뜻이다.

우리가 살아가며 서로 간에 맺는 약속은 '미스바'가 된다. 거룩한 약속이 따로 있
는 것이 아니다. 하나님은 우리가 맺는 모든 약속을 주목하여 바라보신다.

4. 두레박(질문: 말씀을 읽고서 떠오르는 질문)
*도무지 맹세하지 말라(마태복음 5:34)고 하신 주님의 말씀은 무슨 뜻일까?
*모든 약속이 미스바라는 것을 알면 우리 삶이 진중해지지 않을까?

5. 손우물(한 줄 기도: 짧을수록 마음을 담아)
주님의 눈은 망루와 같아서 우리의 모든 것을 바라보십니다.

6. 나비물(말씀의 실천: 생활 속에서 작은 것부터 실천하기)
말다툼과 속된 잡담 피하기(디모데후서 2:14-26)

7. 하늘바라기(오늘의 중보기도: 내 기도를 필요로 하는 이들을 기억하며)
이 땅의 언론매체가 올바른 말로 이 땅을 지켜내게 하소서.(예레미야 26:1-15)

8. 도래샘(삶 돌아보기: 여유 있는 마음으로 내 삶을 바라보기)

푯말과 길표

1. 오늘의 성서일과
시편 121
창세기 32:3-21
마가복음 10:46-52

시편 119:97-104
예레미야 31:15-26

2. 꽃물 (말씀 새기기: 오늘의 말씀 중 가장 의미 있게 다가온 말씀)
너는 길에 푯말을 세우고, 길표를 만들어 세워라. 네가 전에 지나갔던 길과 대로
를 잘 생각하여 보아라. 처녀 이스라엘아, 돌아오너라. 너희가 살던 이 성읍들로
돌아오너라.(예레미야 31:21)

3. 마중물(말씀 묵상: 말씀을 묵상한 내용)
넘어졌다면 넘어진 곳에서 일어나야 한다. 여기서 넘어지고 저기서 일어날 수는
없다. 넘어진 곳이 진창이라고, 저기 마른 땅에서 일어날 수는 없다. 넘어진 곳이
여기라면 일어서는 것도 여기가 되어야 한다.

주님이 라마에서 들리는 슬픈 소리를 듣는다. 라헬이 자식을 잃고 우는 소리로
위로를 받는 것조차 거절하고 있다. 라헬은 요셉과 베냐민의 어머니로서, 북왕국
중심 지파의 시조 할머니가 된다. 울고 있는 이들에게 이제는 울음소리도 그치
고, 눈에서 눈물도 거두라고 주님이 말씀하신다. 붙잡혀가고 뿔뿔이 흩어졌던 아
들딸들이 고향 땅으로 돌아올 것이기 때문이다.
'우리는 길들지 않은 짐승 같았습니다.', '주님을 떠난 다음에 곧 뉘우쳤습니다.
잘못을 깨달은 다음에 가슴을 치며 뉘우쳤습니다.' 주님은 자신들의 잘못을 인정
하고 회개하는 북이스라엘에게 마음을 돌이켜 은혜를 베푸신다. '에브라임은 나
의 귀한 아들이다. 내가 가장 사랑하는 자식이다. 그를 책망할 때마다 더욱 생각
나서, 측은한 마음이 들어 불쌍히 여기지 않을 수 없었다.'

흩어졌던 땅 끝에서 집으로 돌아오게 될 당신의 백성들에게 말씀하신다. "너는
길에 푯말을 세우고, 길표를 만들어 세워라. 네가 전에 지나갔던 길과 대로를 잘

생각하여 보아라. 처녀 이스라엘아, 돌아오너라. 너희가 살던 이 성읍들로 돌아 오너라."

그들이 돌아올 길은 끌려갔던 그 길이다. 그 길에 푯말과 길표를 만들어 세워야 한다. 끌려갔던 길이 수치스러운 길이라고 새로운 길로 오라 하지 않는다. 돌아 올 길은 전에 지나갔던 그 길이다. 끌려갈 때의 길이 낙심과 절망의 길이었다면, 돌아오는 길은 기쁨과 희망의 길이 될 것이다. 돌아올 길은 전에 갔던 그 길, 그 길을 걸어올 누군가를 위해서 새로운 푯말과 길표를 만들며 돌아와야 한다.

4. 두레박(질문: 말씀을 읽고서 떠오르는 질문)

＊왜 전에 지나갔던 그 길로 오라 하시는 걸까?

＊돌아오는 길에 만들어 세울 푯말과 길표는 오늘 어떤 의미일까?

5. 손우물(한 줄 기도: 짧을수록 마음을 담아)

고난의 길에 새로운 푯말과 길표를 세우게 해주십시오.

6. 나비물(말씀의 실천: 생활 속에서 작은 것부터 실천하기)

주님의 법을 더욱 사랑하기(시편 119:97-104)

7. 하늘바라기(오늘의 중보기도: 내 기도를 필요로 하는 이들을 기억하며)

이 땅의 교회가 누군가의 간절한 외침을 가로막는 일이 없게 하소서.(마가복음 10:46-52)

8. 도래샘(삶 돌아보기: 여유 있는 마음으로 내 삶을 바라보기)

필사의 씨름

1. 오늘의 성서일과 창세기 32:22-31, 시편 121   예레미야 31:27-34
디모데후서 3:14-4:5   시편 119:97-104
누가복음 18:1-8

2. 꽃물(말씀 새기기: 오늘의 말씀 중 가장 의미 있게 다가온 말씀)
야곱은 이렇게 식구들을 인도하여 개울을 건너 보내고, 자기에게 딸린 모든 소유
도 건너 보내고 난 다음에, 뒤에 홀로 남았는데, 어떤 이가 나타나 야곱을 붙잡고
동이 틀 때까지 씨름을 하였다.(창세기 32:23-24)

3. 마중물(말씀 묵상: 말씀을 묵상한 내용)
필사의 씨름을 해야 할 때가 있다. 이겨도 좋고 져도 괜찮은, 그런 가벼운 씨름이
아니다. 지면 죽는, 더 이상 물러설 곳이 없는 씨름을 해야 할 때가 있다. 야곱이
그랬다. 다시 형을 만나야 하는 순간, 야곱은 지난 날 저질렀던 자기의 잘못을 돌
아본다. 용서받지 못할 잘못이었다. 아무리 강산이 두 번 바뀔 세월이 지났다 한
들, 어찌 형이 그걸 잊었을까. 자신을 치고 아내들과 자식들까지 죽일까 두려웠
다. 기도를 했다 하더라도 두려움을 떨칠 수가 없었다.
야곱은 야곱, 야곱다운 선택을 한다. 자기가 가진 것 가운데서 형에게 줄 선물을
따로 골라낸다. 선물의 규모가 어마어마하다. 암염소 이백 마리와 숫염소 스무
마리, 암양 이백 마리와 숫양 스무 마리, 젖을 빨리는 낙타 서른 마리와 거기에
딸린 새끼들, 암소 마흔 마리와 황소 열 마리, 암나귀 스무 마리와 새끼 나귀 열
마리를 챙겼으니 말이다.
그것들을 몇 떼로 나눠 종들에게 자기보다 앞서서 가게 하되, 떼와 떼 사이에 거
리를 두게 한다. 형을 만났을 때 그에게 할 말을 일러주되, 똑같이 말하여야 한다
고 강조한다. 여러 차례 준비한 선물들이 형의 분노를 서서히 풀어 주어 마침내
서로 만날 때 형이 자기를 반가이 맞아 주리라고 생각한 것이다. 역시 머리를 쓰
는데 대가답다.
그렇게 하면 충분할 줄 알았다. 그만한 선물을 받고 마음을 풀지 않을 사람이 어

78

디 있겠는가 싶었을 것이다. 하지만 아니었다. 그보다 중요한 일이 있었다. 그것은 하나님과의 씨름이었다. 식구들과 재산을 모두 앞서 보낸 후 야곱은 홀로 남는다. 그 밤에 야곱은 자신을 찾아온 어떤 이와 씨름을 한다. 야곱은 필사의 씨름을 한다. 엉덩이뼈가 다쳐도 포기하지 않았다. 마침내 씨름에서 이긴 야곱은 자신이 하나님과 씨름을 했다는 것을 알게 된다.

필사의 씨름이 있다. 그것을 이기지 않으면 다른 노력이 소용이 없는 씨름이 있다. 하나님과의 씨름이다. 설마 하나님을 이기겠다고? 하지만 필사의 씨름을 하면 다르다. 우리가 하나님을 이기는 것이 아니라, 하나님이 져주신다.

4. 두레박(질문: 말씀을 읽고서 떠오르는 질문)

*한 번 본성은 왜 쉽게 바뀌지 않는 걸까?

*하나님과의 씨름 없이 얍복나루를 건넜다면, 야곱의 삶은 어떻게 되었을까?

5. 손우물(한 줄 기도: 짧을수록 마음을 담아)

내 모든 노력보다 하나님과의 씨름이 더 중요함을 잊지 않게 해주십시오.

6. 나비물(말씀의 실천: 생활 속에서 작은 것부터 실천하기)

말씀의 소중함을 물려주는 부모 되기(디모데후서3:14-4:5)

7. 하늘바라기(오늘의 중보기도: 내 기도를 필요로 하는 이들을 기억하며)

주님을 알아라 하지 않아도 주님을 아는, 이 나라 이 민족 되게 하소서.(예레미야 31:27-34)

8. 도래샘(삶 돌아보기: 여유 있는 마음으로 내 삶을 바라보기)

나발의 '나발'

1. 오늘의 성서일과

시편 57
사무엘상 25:2-22
고린도전서 6:1-11

시편 129
예레미야 38:14-28

2. 꽃물(말씀 새기기: 오늘의 말씀 중 가장 의미 있게 다가온 말씀)

드디어 나발이 다윗의 젊은이들에게 대답하였다. "도대체 다윗이란 자가 누구며, 이새의 아들이 누구냐? 요즈음은 종들이 모두 저마다 주인에게서 뛰쳐나가는 세상이 되었다. 그런데 내가 어찌, 빵이나 물이나, 양털 깎는 일꾼들에게 주려고 잡은 짐승의 고기를 가져다가, 어디서 왔는지도 모르는 자들에게 주겠느냐?"(사무엘상 25:10-11)

3. 마중물(말씀 묵상: 말씀을 묵상한 내용)

'나발을 불다'라는 말이 있다. 당치않은 말을 함부로 하거나 터무니없이 과장하여 말하는 것을 의미한다. 그야말로 나발이 나발을 분다. 다윗이 나발이 양털 깎는다는 소식을 듣는다. 양털 깎는 기간은 축제 기간이기도 했다. 다윗은 소년들을 보내어 나발에게 문안하고 공손하게 무엇이든 달라고 간청을 한다.

나발은 큰 부자였다. 양 떼가 삼천 마리, 염소 떼가 천 마리였다. 광야에서 가축을 돌보는 일은 늘 위험을 수반하는 일이었다. 사나운 짐승뿐 아니라 강도의 위험도 적지 않았다. 그동안 나발의 가축이 해를 입지 않도록 다윗이 돌보아 주었던 것이다. 그러니 양털 깎기 축제에 사람을 보내어 양식을 요청한 것은 무리하거나 무례한 요구라 볼 수가 없다.

하지만 나발은 다윗의 요청을 거절한다. 그냥 거절한 것이 아니라 다윗을 모욕하며 거절한다. 도대체 다윗이란 자가 누구며, 이새의 아들이 누구냐는 말 속에는 다윗을 경멸하는 태도가 그득하다. 요즈음은 종들이 모두 저마다 주인에게서 뛰쳐나가는 세상이 되었다는 말 속에도, 어디서 왔는지도 모르는 자들이라는 말 속에도 다윗을 향한 무시와 비난이 가득하다.

나발이라는 이름은 '어리석다'는 뜻이고, 이 말은 '무너지다'라는 뜻을 가진 히브리어 동사에서 파생한 말이다. '시체'를 의미하는 단어도 후자와 밀접한 관련이 있다.(유진 피터슨) 마치 왕이나 된 듯이 술잔치를 베풀고 취할 대로 취하였던 나발은 그동안 일어난 일을 아내에게 듣고는 갑자기 심장이 멎고 몸이 돌처럼 굳어진다. 열흘쯤 지났을 때에, 주님께서 치자 죽고 만다. 은혜를 원수로 갚았던 나발, 나발이 나발을 부르는 것은 넘어지는 일이요, 죽음을 부르는 일이다.

4. 두레박(질문: 말씀을 읽고서 떠오르는 질문)

*나발이 이름값을 한다. 이름이 사람의 삶에 어떤 영향을 미치는 것일까?

*은혜를 원수로 갚은 일이 내게는 없는가?

5. 손우물(한 줄 기도: 짧을수록 마음을 담아)

창끝과 같고, 화살촉과도 같고, 날카로운 칼과도 같은 말에서 우리를 지키소서.(시편 57)

6. 나비물(말씀의 실천: 생활 속에서 작은 것부터 실천하기)

정직하고 지혜롭게 대답하기(예레미야 38:14-28)

7. 하늘바라기(오늘의 중보기도: 내 기도를 필요로 하는 이들을 기억하며)

이 땅의 교회가 세상 사람들의 걱정을 사는 일이 없게 하소서.(고린도전서 6:1-11)

8. 도래샘(삶 돌아보기: 여유 있는 마음으로 내 삶을 바라보기)

더운갈이

1. 오늘의 성서일과　시편 57　　　　　　　　시편 129
　　　　　　　　　　　사무엘상 25:23-35　　　예레미야 39:1-18
　　　　　　　　　　　야고보서 5:7-12

2. 꽃물(말씀 새기기: 오늘의 말씀 중 가장 의미 있게 다가온 말씀)

그러므로 형제자매 여러분, 주님께서 오실 때까지 참고 견디십시오. 보십시오, 농부는 이른 비와 늦은 비가 땅에 내리기까지 오래 참으며, 땅의 귀한 소출을 기다립니다.(야고보서 5:7)

3. 마중물(말씀 묵상: 말씀을 묵상한 내용)

농부는 꿈속에서도 물이 마르면 안 된다 한다. 농부의 가장 큰 즐거움은 자식 입에 밥 들어가는 것과 가문 논에 물 들어가는 것이다. 모를 심을 때가 됐는데도 비가 오지 않으면 거북이 등짝처럼 갈라지는 논보다도 농부의 속이 더 깊게 타들어 간다. 오죽하면 자식 죽는 건 봐도 곡식 죽는 건 못 본다고 할까?

'더운갈이'라는 말이 있다. 긴 가뭄으로 모를 심을 때가 돼도 논에 물이 없으면, 농부는 두 손을 놓지 않았다. 마른 논을 갈았다. 먼지가 풀풀 나도록 마른 논을 갈고 또 갈면 마침내 논은 먼지처럼 고운 가루가 된다. 그러던 중 천둥소리가 나며 비가 쏟아져 내리면, 온 식구가 달려가 뒤늦은 모를 심었다. 천둥소리가 나야 농사지을 수 있는 땅을 천둥지기라 했다. 가루처럼 곱게 갈린 논에 비가 오면 논은 이내 곤죽, 그러면 뒤늦게 논을 갈고 삶고 할 것도 없이 모를 꽂아나가기만 하면 됐다. 뙤약볕 아래 마른 논을 갈고 또 갈았던 것을 더운갈이라 불렀던 것이다. 농부에게 가장 중요한 덕목이 있다면 인내와 기다림이다. 하늘이 도와주지 않으면 자신의 수고가 아무 소용이 없다는 것을 농부처럼 잘 알고 있는 이들은 없을 것이다. 아무리 수고를 해도 하늘에서 비가 내리지 않으면 거둘 수 있는 것이 아무것도 없다는 것을 잘 알고 있기 때문이다.

믿음도 마찬가지다. 농부만큼이나 인내와 기다림이 필요하다. 주님이 오실 그 날까지 참고 기다려야 한다. 지금 당장 주님의 뜻이 이루어지지 않고, 주님께서 나타나지 않는다 해도, 그럴수록 참고 기다리는 것이 필요하다. 세상으로부터 교회가 외면을 당하고 있는 현실, 그럴수록 우리에게 필요한 것은 마른 논을 갈고 또 가는 믿음의 더운갈이이다.

4. 두레박(질문: 말씀을 읽고서 떠오르는 질문)
*때에 맞는 비가 얼마나 고마운 것인지를 우리는 얼마나 알고 있을까?
*우리는 모두 하늘에서 비가 내려야 살아가는 천둥지기 아닐까?

5. 손우물(한 줄 기도: 짧을수록 마음을 담아)
비가 올 때까지 참고 기다리게 해주십시오

6. 나비물(말씀의 실천: 생활 속에서 작은 것부터 실천하기)
에벳멜렉 구하기(예레미야 39:1-18)

7. 하늘바라기(오늘의 중보기도: 내 기도를 필요로 하는 이들을 기억하며)
밭을 가는 사람이 밭을 갈아엎듯 누군가의 등을 갈아 고랑을 내는 일이 없게 하소서.(시 129)

8. 도래샘(삶 돌아보기: 여유 있는 마음으로 내 삶을 바라보기)

땀이 핏방울같이

1. 오늘의 성서일과　시편 57　　　　　　　　　시편 129
　　　　　　　　　　　사무엘상 25:36-42　　　예레미야 50:1-7, 17-20
　　　　　　　　　　　누가복음 22:39-46

2. 꽃물(말씀 새기기: 오늘의 말씀 중 가장 의미 있게 다가온 말씀)

예수께서 고뇌에 차서, 더욱 간절히 기도하시니, 땀이 핏방울같이 되어서 땅에 떨어졌다.(누가복음 22:44)

3. 마중물(말씀 묵상: 말씀을 묵상한 내용)

하루의 첫 시간, 교우들을 위해 기도한다. 기도를 하되 무릎을 꿇고 기도한다. 같은 기도지만, 무릎을 꿇고 드리는 기도는 마음부터 다르다. 겸손하고 간절하다. 목회의 길을 걷는 한, 그치고 싶지 않은 일이다.

태도가 본질이라고 한다. 태도가 따로 있고, 본질이 따로 있는 것이 아니라는 것이다. 아주 작고 소소한 태도 속에도 누군가의 진심이 담긴다. 잘못된 실수를 반복하면서도 마음은 그렇지 않다 하는 것은 너무 가벼운 변명에 지나지 않는다.

마음을 담아 기도하는 것을 두고 우리는 '간절히' 기도한다고 한다. '간절히'라는 말이 '간이 저리도록'에서 왔다는 말에 공감한다. 무릎이 저리도록 기도하는 것도 흔하지 않은 터에 간이 저리도록 기도를 한다면 그런 기도가 얼마나 간절한 기도이겠는가?

예수는 기도를 가르쳐달라는 제자들의 청에 응하셨다. 그렇게 가르치신 '주기도문'을 우리는 지금도 드린다. 주님은 기도를 가르치기만 한 것이 아니었다. 새벽 미명에 홀로 기도를 드리기도 하고, 제자를 세울 때는 밤을 새워 기도를 한다. 몸소 기도의 본을 보이신다. 본을 보이기 위해 기도한 것이 아니라, 기도한 것이 하나같이 본이 된다.

겟세마네 동산에서 기도를 할 때는 더욱 그렇다. '내 뜻'이 아니라 '아버지의 뜻'을 구한다. 내 뜻을 포기하고 아버지의 뜻을 받든다. 그렇게 기도하는 주님의 모습을 두고 누가는 '땀이 핏방울같이 되어서 땅에 떨어졌다'고 기록한다. 땀을 비오듯 쏟는 것도 간절한 기도이겠지만, 어디 땀방울을 핏방울같이 흘리는 것에 비하겠는가? 땀이 핏방울같이 떨어졌다면, 그 얼마나 고뇌가 가득한 애절한 기도였을까? '땀을 핏방울같이', 마음에 깊이 새겨야 할 기도의 태도!

4. 두레박(질문: 말씀을 읽고서 떠오르는 질문)

*내가 드린 가장 간절한 기도는 무엇이었을까?

*땀을 핏방울같이 흘려야 질 수 있는 것이 십자가 아닐까?

5. 손우물(한 줄 기도: 짧을수록 마음을 담아)

기도할 때 간절한 마음으로 기도하게 해주십시오.

6. 나비물(말씀의 실천: 생활 속에서 작은 것부터 실천하기)

지혜로운 사람을 알아보기(사무엘상 25:36-42)

7. 하늘바라기(오늘의 중보기도: 내 기도를 필요로 하는 이들을 기억하며)

주님께 쓰임 받고 결국은 버림받는 일이 없게 하소서.(예레미야 50:1-7, 17-20)

8. 도래샘(삶 돌아보기: 여유 있는 마음으로 내 삶을 바라보기)

참새처럼 제비처럼

1. 오늘의 성서일과   시편 84:1-7   시편 65
                         예레미야 9:1-16   요엘 1:1-20
                         디모데후서 3:1-9

2. 꽃물(말씀 새기기: 오늘의 말씀 중 가장 의미 있게 다가온 말씀)

만군의 주님, 나의 왕, 나의 하나님, 참새도 주님의 제단 곁에서 제 집을 짓고, 제
비도 새끼 칠 보금자리를 얻습니다.(시편 84:3)

3. 마중물(말씀 묵상: 말씀을 묵상한 내용)

예배를 시작하기 전 예배를 드리러 오는 교우들과 인사를 나누다 보면 더없이
공손하게 인사를 하는 원로 권사님이 있다. 가까이 다가와 두 손을 모으고 "예배
드리러 나올 수 있다는 것이 큰 은혜입니다." 소녀처럼 인사를 하신다.

맞다, 예배를 드리러 나올 수 있다는 것이 은혜다. 무엇보다도 몸이 아프면 나오
고 싶어도 나올 수가 없다. 안타까운 마음으로 병원이나 집에서 예배를 드려야
한다. 같은 예배지만 마음은 다를 것이다. 그런 일을 몇 차례 경험한 권사님이기
에 권사님의 인사는 더욱 마음에 닿는다. 예배를 드리는 날, 예배를 드리러 교회
에 나왔다는 것 자체가 큰 은혜이다.

흩어져 사는 이스라엘 백성들은 더욱 그랬을 것이다. 나라를 빼앗긴 뒤 뿔뿔이
흩어졌으니 성전이 있는 예루살렘은 땅끝처럼 여겨졌을 것이다. 마음이야 늘 그
리워한다고 하지만 그 먼 길을 걸어 성전을 찾는 것은 쉬운 일이 아니었다. 몇
날, 몇 주, 몇 달을 걸어야 하는 길, 마음만 낸다고 선뜻 결정하기 어려운 일이었
을 것이다.

그 먼 길을 걸어온 순례자가 마침내 성전에 도착한다. 성전을 바라보는 순례자의
마음이 얼마나 기쁘고 설렜을까? 그런 순례자의 눈에 참새와 제비가 들어온다.
참새도 제비도 주님의 집에 둥지를 짓고 살아간다. 순례자의 눈에는 그들이 한없
이 부럽다. 주님의 집에서 사니 얼마나 좋을까, 참새와 제비가 부러움의 대상이

된다. 붕어빵에는 붕어가 빠져도 고만이지만, 예배에 설렘이 빠진다면 예배와 거리가 멀다.

4. 두레박(질문: 말씀을 읽고서 떠오르는 질문)

*그동안 드린 예배 중 가장 간절한 마음으로 드린 예배는 언제 드린 예배일까?
*설렘이 없는 예배를 예배라 할 수 있을까?

5. 손우물(한 줄 기도: 짧을수록 마음을 담아)

모든 예배를 기쁨과 설렘으로 드리게 해주십시오.

6. 나비물(말씀의 실천: 생활 속에서 작은 것부터 실천하기)

무정하거나 자만하지 않기(디모데후서 3:1-9)

7. 하늘바라기(오늘의 중보기도: 내 기도를 필요로 하는 이들을 기억하며)

오늘의 교회가 여우들이 우글거리는 소굴이 되거나, 아무도 살 수 없는 황무지가 되지 않게 하소서.(예레미야 9:1-16)

8. 도래샘(삶 돌아보기: 여유 있는 마음으로 내 삶을 바라보기)

새까만 메뚜기 떼

1. 오늘의 성서일과

시편 84:1-7
예레미야 9:17-26
디모데후서 3:10-15

시편 65
요엘 2:1-11

2. 꽃물(말씀 새기기: 오늘의 말씀 중 가장 의미 있게 다가온 말씀)

그 날은 캄캄하고 어두운 날, 먹구름과 어둠에 뒤덮이는 날이다. 셀 수 없이 많고 강한 메뚜기 군대가 온다. 마치 어둠이 산등성이를 넘어오듯이 새까맣게 다가온다. 까마득한 옛날까지 거슬러 올라가 보아도, 이런 일은 없었다. 앞으로 천만 대에 이르기까지도 다시는 이런 일이 없을 것이다.(요엘 2:2)

3. 마중물(말씀 묵상: 말씀을 묵상한 내용)

'요엘'이라는 이름의 뜻은 '주님은 하나님이시다'인데, 요엘에 대해서는 달리 알려진 바가 없다. 구약에 나오는 12명의 요엘 중 선지자 요엘에 해당하는 이는 따로 없다. 그가 살았던 시대도 따로 기록이 되어 있지 않아 요엘서 안에 담긴 내용으로 짐작을 할 뿐이다. 요엘 예언의 중심을 차지하는 것은 '여호와의 날'이다. 계속되는 가뭄과 메뚜기 떼의 재앙을 요엘은 하나님이 온 세상을 심판하실 전조로 이해했다.

다가오는 주님의 날은 캄캄하고 어두운 날, 먹구름과 어둠에 뒤덮이는 날이다. 셀 수 없이 많고 강한 메뚜기 군대가 온다. 마치 어둠이 산등성이를 넘어오듯이 새까맣게 다가온다. 까마득한 옛날까지 거슬러 올라가 보아도, 이런 일은 없었다. 앞으로 천만 대에 이르기까지도 다시는 이런 일이 없을 것이다. 그들이 불처럼 초목을 삼키고 지나가면, 지나간 자리에서는 불꽃이 활활 타오른다. 그들이 오기 전에는 이 땅이 에덴동산 같으나, 한 번 지나가고 나면 황량한 사막이 되어 버린다. 그 앞에서는 살아남은 것이 하나도 없다. 그들은 떼 지어 몰려오는 말과 같고 달려오는 군마와 같다. 이 봉우리에서 저 봉우리로 달리는 소리는 병거의 굉음과도 같고, 불꽃이 검불을 태우는 소리와도 같다. 그들은 막강한 군대가 공격 명령을 기다리는 것 같이 전열을 갖춘다. 그들이 전진할 때에는 땅이 진동하고, 온 하늘이 흔들린다. 해와 달이 어두워지고, 별들이 빛을 잃는다.

새까만 메뚜기 떼의 재앙을 주님의 날을 위한 전조로 이해했던 요엘, 기후 위기를 넘어 기후 재앙을 경험하는 오늘 우리는 어떠한가? "지금이라도 너희는 진심으로 회개하여라. 나 주가 말한다. 금식하고 통곡하고 슬퍼하면서, 나에게로 돌아오너라. 옷을 찢지 말고, 마음을 찢어라." 요엘의 회개 촉구는 오늘 우리의 심장 속에 박혀야 하지 않을까.

4. 두레박(질문: 말씀을 읽고서 떠오르는 질문)
메뚜기 떼의 재앙이 오늘 우리들에게는 어떻게 나타나고 있을까?

5. 손우물(한 줄 기도: 짧을수록 마음을 담아)
현상 뒤에 감추어진 의미를 헤아릴 수 있는 믿음의 눈을 주십시오.

6. 나비물(말씀의 실천: 생활 속에서 작은 것부터 실천하기)
주님을 아는 것만을 자랑하기(예레미야 9:17-26)

7. 하늘바라기(오늘의 중보기도: 내 기도를 필요로 하는 이들을 기억하며)
우리의 신앙이 말씀의 터전 위에 서게 하소서.(디모데후서 3:10-15)

8. 도래샘(삶 돌아보기: 여유 있는 마음으로 내 삶을 바라보기)

지독한 가뭄

1. 오늘의 성서일과

시편 84:1-7

예레미야 14:1-6

누가복음 1:46-55

시편 65

요엘 2:12-22

2. 꽃물(말씀 새기기: 오늘의 말씀 중 가장 의미 있게 다가온 말씀)

온 땅에 비가 내리지 않아서 땅이 갈라지니, 마음 상한 농부도 애태우며 어찌할 바를 모른다.(예레미야 14:4)

3. 마중물(말씀 묵상: 말씀을 묵상한 내용)

나라가 슬피 울고, 성읍마다 백성이 기력을 잃고 땅바닥에 쓰러져 탄식을 한다. 울부짖는 소리가 예루살렘에서 치솟는다. 그래도 잘 산다는 귀족들이 물을 구하려고 종들을 보내지만, 우물에 가도 물이 없어서 종들은 빈 그릇만 가지고 돌아올 뿐이다. 종들이 애를 태우며 어찌할 바를 모른다. 온 땅에 비가 내리지 않아서 땅이 갈라지니, 마음 상한 농부도 애태우며 어찌할 바를 모른다. 들녘의 암사슴도 연한 풀이 없어서, 갓 낳은 새끼까지 내버린다. 들나귀도 언덕 위에 서서 여우처럼 헐떡이고, 뜯어먹을 풀이 없어서 그 눈이 흐려진다.

지독한 가뭄이 아닐 수가 없다. 가뭄은 비가 오지 않아 생기는 현상이다. 하지만 꼭 그렇지만은 않다. 가뭄의 이유가 이어지는 말씀 속에 밝혀진다. 잘못된 믿음의 결과였다. 예언자들이 주님의 이름으로 거짓 예언을 하고 있다. 주님은 그들을 예언자로 보내지도 않았고, 그들에게 명하지도 않았고, 그들에게 말하지도 않았다. 그들이 백성에게 예언하는 것은, 거짓된 환상과 허황된 점괘와 그들의 마음에서 꾸며낸 거짓말이다.

진짜 가뭄은 따로 있다. 하나님이 예레미야에게 이 백성을 위하여 기도하지 말라고 한다. 그들이 금식을 하여도 그들의 호소를 들어주지 않겠다고, 그들이 번제물과 곡식제물을 바쳐도 그것을 받지 않겠다고 하신다. 오히려 칼과 기근과 염병으로 그들을 전멸시켜 버리겠다고 하신다. 땅이 갈라져서 겪는 가뭄보다도, 기도

해도 들어주시지 않는 가뭄이 더 지독한 가뭄이다.

4. 두레박(질문: 말씀을 읽고서 떠오르는 질문)

이 시대 우리에게 주어진 가장 지독한 가뭄은 어떤 것일까?

5. 손우물(한 줄 기도: 짧을수록 마음을 담아)

주님의 은혜가 없어 겪는 가뭄에서 우리를 건져 주십시오.

6. 나비물(말씀의 실천: 생활 속에서 작은 것부터 실천하기)

옷을 찢지 말고 마음을 찢기(요엘 2:12-22)

7. 하늘바라기(오늘의 중보기도: 내 기도를 필요로 하는 이들을 기억하며)

메마른 우리의 밭이랑에 물을 넉넉히 대시고, 밭을 단비로 적시며, 움 돋는 새싹에 복을 내려 주십니다.(시편 65)

8. 도래샘(삶 돌아보기: 여유 있는 마음으로 내 삶을 바라보기)

가장 정직한 기도

1. 오늘의 성서일과   예레미야 14:7-10, 19-22, 시편   누가복음 18:9-14
　　　　　　　　　　　　84:1-7   　　　　　　　　　　　요엘 2:23-32
　　　　　　　　　　　　디모데후서 4:6-8, 16-18   　　시편 65

2. 꽃물(말씀 새기기: 오늘의 말씀 중 가장 의미 있게 다가온 말씀)

그런데 세리는 멀찍이 서서, 하늘을 우러러볼 엄두도 못 내고, 가슴을 치며 '아, 하나님, 이 죄인에게 자비를 베풀어 주십시오' 하고 말하였다.(누가복음 18:13)

3. 마중물(말씀 묵상: 말씀을 묵상한 내용)

언젠가 예배를 드리며 설교 시간 중에 '키리에 엘레이손(Kyrie Eleison)'이라는 노래를 들은 적이 있다. 도밍고가 부르는 노래를 택했다. 먼저 교우들에게 우리말은 아니지만 같은 가사가 반복이 되는데, 뜻은 '주여 불쌍히 여기소서'라는 사실을 알렸다. 방송실에 부탁을 해서 볼륨을 거슬리지 않을 만큼 한껏 올렸다. 중간 중간의 기타 반주가 가라앉을 대로 가라앉은 상한 마음을 어루만지는 주님의 손 같았다. 막힘없이 치솟는 고음은 주님께 질러대는 간절한 호소 같았다. 조심스레 눈물을 닦는 교우들의 모습이 눈에 들어왔다.

스스로 의롭다고 확신하고 남을 멸시하는 몇몇 사람에게 예수께서는 비유를 말씀하신다. 두 사람이 기도하러 성전에 올라갔는데, 한 사람은 바리새파 사람이고 다른 한 사람은 세리였다. 바리새파 사람은 서서, 혼잣말로 자랑을 늘어놓는다. '하나님, 감사합니다. 나는, 남의 것을 빼앗는 자나, 불의한 자나, 간음하는 자와 같은 다른 사람들과 같지 않으며, 더구나 이 세리와는 같지 않습니다. 나는 이레에 두 번씩 금식하고, 내 모든 소득의 십일조를 바칩니다.' 실제로 그는 자랑거리가 많은 사람이었다. 그런데 세리는 그렇지 못했다. 멀찍이 서서 하늘을 우러러볼 엄두도 못 내고 가슴을 치며 '아, 하나님, 이 죄인에게 자비를 베풀어 주십시오.' 하고 말한다.
비유를 예수는 이렇게 정리한다. "의롭다는 인정을 받고서 자기 집으로 내려간 사람은 저 바리새파 사람이 아니라 이 세리다."

멀찍이 서서 하늘을 우러러볼 엄두도 못 내고 가슴을 치며 '아, 하나님, 이 죄인에게 자비를 베풀어 주십시오.' 겨우 말하는 것, 그보다 정직한 기도는 없다.

4. 두레박(질문: 말씀을 읽고서 떠오르는 질문)
*가장 간절하고 정직한 기도의 자세는 어떤 것일까?
*내가 본 기도의 모습 중 가장 정직했던 모습은 어떤 모습이었을까?

5. 손우물(한 줄 기도: 짧을수록 마음을 담아)
기도할 때 가장 정직한 기도를 바치게 해주십시오.

6. 나비물(말씀의 실천: 생활 속에서 작은 것부터 실천하기)
물러서야 할 때가 언제인지 알기(디모데후서 4:6-8, 16-18)

7. 하늘바라기(오늘의 중보기도: 내 기도를 필요로 하는 이들을 기억하며)
이 땅의 교회가 형편없어도 주님의 이름을 생각하셔서 선처해 주십시오.(예레미야 14:7-10, 19-22)

8. 도래샘(삶 돌아보기: 여유 있는 마음으로 내 삶을 바라보기)

그리스도인으로서 고난을 당하면

1. 오늘의 성서일과　시편 84:8-12　　　　　　시편 87
　　　　　　　　　　　사무엘상 2:1-10　　　　　요엘 3:1-8
　　　　　　　　　　　베드로전서 4:12-19

2. 꽃물(말씀 새기기: 오늘의 말씀 중 가장 의미 있게 다가온 말씀)

그러나 그리스도인으로서 고난을 당하면 부끄러워하지 말고, 도리어 그 이름으로 하나님께 영광을 돌리십시오.(베드로전서 4:16)

3. 마중물(말씀 묵상: 말씀을 묵상한 내용)

문득 독일에서 목회를 할 때가 떠오른다. 교회가 큰 상처를 입고 거반 주저앉은 상태에서 독일을 찾았다. 외국 생활도 처음이었거니와, 나아지지 않는 교회 상황이 몸과 마음을 지치게 했다. 고립무원의 심정이었다. 차를 운전할 때마다 내가 나 자신에게 이르는 것이 있었다. 아무리 마음이 힘들어도 핸들을 마주 오는 차 쪽이나, 벼랑 아래쪽으로 꺾으면 안 된다고. 덕분에 혼자 우는 시간이 많았다. 아무도 없는 텅 빈 예배당에 앉아 뜨거운 눈물을 쏟곤 했다. 이런 것이 선배들이 말했던 피눈물인가 싶었다.

그러던 어느 날이었다. 그날도 아무도 없는 예배당에 혼자 앉아 있었는데, 문득 마음을 스치는 생각이 있었다. 그동안 내가 주님을 위하여 고난을 당한 적이 없었다는 생각이었다. 신학을 선택한 후로부터 전도사를 지나 목사가 되어서도, 신학을 공부한다고 목회를 한다고 사람들에게서 인정이나 칭찬을 받았을지는 몰라도, 주님을 위하여 핍박을 받거나 고난을 당한 적은 따로 없었다는 사실이 떠올랐다.

지금 당하는 고난이 주님을 위한 고난이라면 달게 받자, 그렇게 생각하자 마음이 한결 가볍게 여겨졌다. 같은 상황은 그 뒤로도 한참 이어졌지만, 그래도 숨을 쉴 여력을 가질 수 있었다.

고난에는 두 가지가 있다. 살인자나 도둑이나 악을 행하는 자나 남의 일을 간섭

하는 자가 되어 당하는 고난이 있다. 그런 고난은 당연하고도 부끄러운 고난이다. 반면에 그리스도의 이름으로 당하는 고난이 있다. 그리스도의 이름으로 당하는 고난은 그리스도의 고난에 동참하는 것이니, 부끄러워 할 것이 아니라 오히려 기뻐해야 할 일이다. 주님의 고난에 동참할 수 있는 기회를 주신 것을 두고는 오히려 하나님께 영광을 돌려야 한다. 고난 중에는 감사를 드려야 할 고난이 있다.

4. 두레박(질문: 말씀을 읽고서 떠오르는 질문)

*그리스도를 위해 고난을 당한 적이 언제였을까?

*그리스도를 위해 고난을 당해야 한다면 기꺼이 당할 수 있을까?

5. 손우물(한 줄 기도: 짧을수록 마음을 담아)

주님의 고난에 참여하는 것을 영광으로 여기게 해주십시오.

6. 나비물(말씀의 실천: 생활 속에서 작은 것부터 실천하기)

주님의 집 뜰 안에서 지내는 하루를 다른 곳에서 지내는 천 날보다 낫게 여기기 (시편 84:8-12)

7. 하늘바라기(오늘의 중보기도: 내 기도를 필요로 하는 이들을 기억하며)

구석구석에서 드리는 마음이 상한 자의 기도를 들어 주십시오.(사무엘상 2:1-10)

8. 도래샘(삶 돌아보기: 여유 있는 마음으로 내 삶을 바라보기)

벽에 쓴 글씨

1. 오늘의 성서일과

시편 84:8-12
다니엘 5:1-12
베드로전서 5:1-11

시편 87
요엘 3:9-16

2. 꽃물(말씀 새기기: 오늘의 말씀 중 가장 의미 있게 다가온 말씀)

그런데 바로 그때에 갑자기 사람의 손이 나타나더니, 촛대 앞에 있는 왕궁 석고 벽 위에다가 글을 쓰기 시작하였다. 왕은 그 손가락이 글을 쓰는 것을 보고 있었다.(다니엘 5:5)

3. 마중물(말씀 묵상: 말씀을 묵상한 내용)

벨사살 왕이 귀한 손님 천 명을 불러서 큰 잔치를 베풀었다. 잔치자리에 술이 빠질 리가 없었다. 술을 마시던 중 좋은 생각이 떠올랐는지 벨사살 왕은 명령을 내린다. 그의 아버지 느부갓네살 왕이 예루살렘 성전에서 가져 온 금그릇과 은그릇들을 가져 오게 한다. 왕과 귀한 손님과 왕비들과 후궁들이 모두 그것으로 술을 마시게 할 참이었다. 예루살렘에 있는 하나님의 집 성전에서 가져 온 금그릇들을 꺼내서, 왕과 귀한 손님과 왕비들과 후궁들이 그것으로 술을 마셨으니, 그들로서는 술맛이 얼마나 좋았을까 싶다.

바로 그때 생각지 못한 일이 일어난다. 갑자기 사람의 손이 나타나더니, 촛대 앞에 있는 왕궁 석고 벽 위에다가 글을 쓰기 시작하는 것이 아닌가. 손가락이 글을 쓰는 것을 보고 있던 왕은 얼굴빛이 창백해지더니, 공포에 사로잡혀서, 넓적다리의 힘을 잃고 무릎을 서로 부딪치며 떨었다. 주술가들과 점성술가들을 불러오게 했지만 아무도 그 글자를 읽는 사람이 없었고, 그 뜻을 왕에게 알려 주는 사람도 없었다.

벽에 쓴 글자와 뜻이 다니엘을 통해 밝혀진다. 기록된 글자는 '메네 메네 데겔'과 '바르신'이었다. '메네'는 하나님이 이미 왕의 나라의 시대를 계산해서 끝나게 하셨다는 것이고, '데겔'은 왕이 저울에 달렸는데 무게의 부족함이 드러났다는 것이고, '바르신'은 왕의 왕국이 둘로 나뉘어 메대와 페르시아 사람에게 넘어갔다는 뜻이었다.

인간의 오만방자함이 선을 넘을 때, 하나님은 벽에 글씨를 쓰신다. 아무나 읽을 수 없는, 읽어도 뜻을 알 수 없는, 주님의 영에 붙잡힌 자만이 읽을 수 있고 뜻을 알 수 있는 글씨를 쓰신다. 하나님이 역사의 벽에 쓰시는 글씨를 이 시대 어느 누가 읽어 그 뜻을 헤아릴 수 있을지.

4. 두레박(질문: 말씀을 읽고서 떠오르는 질문)
＊예루살렘 성전 기물로 술을 마시는 자들의 마음은 어떤 것이었을까?
＊이 시대 하나님은 어느 벽에 글씨를 쓰실까?

5. 손우물(한 줄 기도: 짧을수록 마음을 담아)
주님이 쓰신 글씨를 읽고 그 뜻을 헤아리는 지혜를 갖게 해주십시오.

6. 나비물(말씀의 실천: 생활 속에서 작은 것부터 실천하기)
양 떼의 모범되기(베드로전서 5:1-11)

7. 하늘바라기(오늘의 중보기도: 내 기도를 필요로 하는 이들을 기억하며)
판결의 골짜기가 있음을 모든 민족들이, 모든 지도자들이 알게 하소서.(요엘 3:9-16)

8. 도래샘(삶 돌아보기: 여유 있는 마음으로 내 삶을 바라보기)

대답보다 중요한 것

1. 오늘의 성서일과

시편 84:8-12　　　　　　　　　　시편 87
다니엘 5:13-31　　　　　　　　　　요엘 3:17-20
마태복음 21:28-32

2. 꽃물 (말씀 새기기: 오늘의 말씀 중 가장 의미 있게 다가온 말씀)

"그런데 이 둘 가운데서 누가 아버지의 뜻을 행하였느냐?" 예수께서 이렇게 물으시니, 그들이 대답하였다. "맏아들입니다." 예수께서 그들에게 말씀을 하셨다. "내가 진정으로 너희에게 말한다. 세리와 창녀들이 오히려 너희보다 먼저 하나님의 나라에 들어간다."(마태복음 21:31)

3. 마중물 (말씀 묵상: 말씀을 묵상한 내용)

예수는 탁월한 이야기꾼이었다. 하늘 이야기를 땅의 이야기로 풀어낸다. 하늘나라의 비밀을 땅의 이야기에 담아낸다. 어려울 것도 없고, 복잡할 것도 없다. 그렇다고 가볍거나 공허한 이야기는 결코 아니다. 쉽고 단순하고 심오하다.

두 아들 이야기도 마찬가지다. 이야기가 짧고 쉬운데, 절묘하다. 예수의 이야기는 "너희는 어떻게 생각하느냐?"는 질문으로부터 시작된다. 일방적으로 전하는 설교가 아니다. 이야기를 듣는 자들이 마음으로 참여할 공간을 만든다.

어떤 사람에게 아들이 둘 있는데, 아버지가 맏아들에게 가서 말한다. 너 오늘 포도원에 가서 일해라. 그런데 맏아들은 대답하기를 '싫습니다.' 하고 대답한다. 그러나 그 뒤에 그는 뉘우치고 일하러 간다. 큰 아들의 거절을 본 아버지는 둘째 아들에게 가서 같은 말을 한다. 다행히 그가 대답하기를 '예, 가겠습니다, 아버지.' 했다. 그런데 둘째 아들은 대답을 그렇게 하고는 가지 않았다.

예수가 다시 묻는다. 이 둘 가운데서 누가 아버지의 뜻을 행하였느냐? 그처럼 쉬운 질문이 어디 있을까. 그들이 망설이지 않고 대답을 하였다. '맏아들입니다.' 그러자 예수께서는 속에 두었던 말을 건넨다. "내가 진정으로 너희에게 말한다. 세리와 창녀들이 오히려 너희보다 먼저 하나님의 나라에 들어간다. 요한이 너희에게 와서, 옳은 길을 보여 주었으나, 너희는 그를 믿지 않았다. 그러나 세리와 창녀들은 믿었다. 너희는 그것을 보고도 끝내 뉘우치지 않았으며, 그를 믿지 않았다."

먼저 믿는 것이 자랑거리가 될 수 없다. 아무리 대답을 시원하게 했다 해도, 실제로 아비지의 말을 따르지 않는다면 그 대답은 아무 소용이 없다. 대답보다 중요한 것이 있다. 대답한 것을 지키는 것이다.

4. 두레박(질문: 말씀을 읽고서 떠오르는 질문)
*대답만 하고 지키지 못한 것들 중에는 어떤 것이 있을까?
*혹시 이 땅의 교회가 대답만 하고는 일하러 가지 않은 둘째 아들은 아닐까?

5. 손우물(한 줄 기도: 짧을수록 마음을 담아)
말로 대답만 하는 사람이 되지 않게 해주십시오.

6. 나비물(말씀의 실천: 생활 속에서 작은 것부터 실천하기)
내 스스로 누군가를 구원의 대상에서 제외시키는 일 없기(시편 87)

7. 하늘바라기 (오늘의 중보기도: 내 기도를 필요로 하는 이들을 기억하며)
언덕마다 젖이 흐르는 세상을 우리에게 허락하소서.(요엘 3:17-20)

8. 도래샘(삶 돌아보기: 여유 있는 마음으로 내 삶을 바라보기)

예배는 쇼가 아니다

1. 오늘의 성서일과   시편 32:1-7   시편 119:137-144
                        잠언 15:8-11, 24-33   예레미야 33:14-26
                        고린도후서 1:1-11

2. 꽃물(말씀 새기기: 오늘의 말씀 중 가장 의미 있게 다가온 말씀)

악한 사람의 제사는 주님께서 역겨워하시지만, 정직한 사람의 기도는 주님께서
기뻐하신다.(잠언 15:8)

3. 마중물(말씀 묵상: 말씀을 묵상한 내용)

한 임금이 백성들에게 꽃씨를 나눠주며 가장 아름다운 꽃을 가꾼 사람에게는 후
한 상을 주겠노라고 했다. 아름다운 꽃들이 사방에 피어났다. 마침내 꽃을 심사
하는 날, 한 사람씩 들고 서 있는 꽃을 살피던 임금이 한 청년 앞에서 일어났다.
그 청년은 뜻밖에도 빈 화분을 들고 있었다. 신하들은 모두 어리둥절했지만, 임
금은 그 청년에게 상을 주라고 했다. 임금이 백성들에게 나눠준 씨앗은 아무도
모르게 펄펄 끓는 물속에 삶은 씨앗이었다. 임금이 진정으로 원했던 것은 아름다
운 꽃이 아니라, 정직한 마음이었던 것이다.

악한 사람도 제사를 드린다. 제사를 드리는 일이야 마음을 먹으면 누구라도 할
수가 있다. 어쩌면 악인은 자신의 악을 가리기 위해 더 성대하게 제사를 드릴 지
도 모를 일이다. 하지만 주님은 악인의 제사를 역겨워하신다. 그의 악을 알고 있
기 때문이다. 반면에 정직한 사람의 기도는 주님께서 기뻐하신다. 정직한 마음으
로 드리는 기도이기 때문이다.

제사와 기도, 거창하기로 하자면 제사가 거창하다. 폼도 나고 멋있어 보이기도
한다. 하지만 주님은 그런 겉모습에 현혹되지 않으신다. 거창하게 제사를 드린다
고 넙죽 받지 않으신다. 조용히 기도한다고 거절하지 않으시는 것처럼. 제사를
누가 어떤 마음으로 드리는지를 살피시고, 기도를 누가 어떤 마음으로 드리는지
를 살피신다.

예배가 쇼가 될 때, 그것이 화려하면 화려할수록 하나님은 고개를 돌리신다.

4. 두레박(질문: 말씀을 읽고서 떠오르는 질문)
*쇼가 되는 예배의 모습 중에는 어떤 것이 있을까?
*하나님이 받으시는 예배는 어떤 예배일까?

5. 손우물(한 줄 기도: 짧을수록 마음을 담아)
예배를 쇼로 만들지 않게 해주십시오.

6. 나비물(말씀의 실천: 생활 속에서 작은 것부터 실천하기)
환난 가운데서도 감사하기(고린도후서 1:1-11)

7. 하늘바라기(오늘의 중보기도: 내 기도를 필요로 하는 이들을 기억하며)
셀 수 없이 많은 하늘의 별처럼, 측량할 수 없이 많은 바다의 모래처럼, 주님을 섬기는 사람들이 불어나게 하소서.(예레미야 33:14-26)

8. 도래샘(삶 돌아보기: 여유 있는 마음으로 내 삶을 바라보기)

붕어빵에 붕어가 없어도

1. 오늘의 성서일과   시편 32:1-7   시편 119:137-144
                          욥기 22:21-23:17   하박국 1:5-17
                          베드로후서 1:1-11

2. 꽃물(말씀 새기기: 오늘의 말씀 중 가장 의미 있게 다가온 말씀)

그러므로 여러분은 열성을 다하여 여러분의 믿음에 덕을 더하고, 덕에 지식을 더하고, 지식에 절제를 더하고, 절제에 인내를 더하고, 인내에 경건을 더하고, 경건에 신도간의 우애를 더하고, 신도간의 우애에 사랑을 더하도록 하십시오.(베드로후서 1:5-7)

3. 마중물(말씀 묵상: 말씀을 묵상한 내용)

바이올린을 만드는 사람으로 소리에 민감하기 때문일까, 〈바이올린과 순례자〉에 담긴 그의 글은 맑고 정갈하다. 한 구절 한 구절이 잘 조율된 바이올린 소리처럼 다가온다. 거듭해서 밑줄을 긋게 되는 문장이 많다.

우리의 삶이 곧 하나님께 드리는 기도이자 세상을 향한 설교라는 말도 그 중의 하나다. 명쾌하고 울림이 깊다. 많은 순간 무의미하거나 비루해 보이는 우리의 삶이 곧 기도이자 설교라는 말은 졸음기 위로 쏟아진 얼음물처럼 화들짝 정신을 차리게 한다.

안타깝게도 믿음과 삶이 제각각 따로따로인 경우가 흔하다. 믿음 생활을 한다고 하는데, 그 생활이 엉망인 경우가 있다. 믿음이 생활을 전혀 뒷받침하지 못하는 경우다. 그러면서도 그 사실을 전혀 인지하지 못한다. 믿음이 있다는 이유로 나머지 것들을 무시한다. 믿음을 최고의 가치와 덕목으로 여겨 나머지 것들을 얼마든지 소홀이 해도 상관이 없다고 생각한다.

그렇지가 않다. 믿음이 있다면 믿음 위에 더해야 할 것들이 있다. 덕을 더하고, 덕에 지식을 더하고, 지식에 절제를 더하고, 절제에 인내를 더하고, 인내에 경건을 더하고, 경건에 신도 간의 우애를 더하고, 신도 간의 우애에 사랑을 더해야 한다. 붕어빵에는 붕어가 없어도 괜찮지만, 믿음에 이 모든 것들이 빠지면 제대로 된 믿음이라 할 수가 없다.

4. 두레박(질문: 말씀을 읽고서 떠오르는 질문)

*믿음만 있으면 나머지 것들이 없어도 괜찮다고 생각하는 것이 불러오는 결과는 어떤 것일까?

*내 믿음에 더해야 할 가장 중요한 덕목은 무엇일까?

5. 손우물(한 줄 기도: 짧을수록 마음을 담아)

부디 제 삶이 기도와 설교가 되게 해주십시오.

6. 나비물(말씀의 실천: 생활 속에서 작은 것부터 실천하기)

하나님의 뜻을 함부로 거들먹거리지 않기(욥기 22:21-23:17)

7. 하늘바라기(오늘의 중보기도: 내 기도를 필요로 하는 이들을 기억하며)

이 땅의 그리스도인들과 교회가 순수한 주님의 말씀을 사랑하게 하소서.(시편 119:137-144)

8. 도래샘(삶 돌아보기: 여유 있는 마음으로 내 삶을 바라보기)

주파수를 맞추면 잡음이 사라진다

1. 오늘의 성서일과   시편 32:1-7   시편 119:137-144
                          이사야 1:1-9   하박국 2:5-11
                          요한복음 8:39-47

2. 꽃물(말씀 새기기: 오늘의 말씀 중 가장 의미 있게 다가온 말씀)

하나님에게서 난 사람은 하나님의 말씀을 듣는다. 그러므로 너희가 듣지 않는 것
은, 너희가 하나님에게서 나지 않았기 때문이다.(요한복음 8:47)

3. 마중물(말씀 묵상: 말씀을 묵상한 내용)

어릴 적 진공관을 조립하여 라디오를 만든 형이 라디오를 처음으로 들려주었을
때, 얼마나 놀랐던지. 사람의 목소리가 작은 기계 안에서 들려오는 것이 너무나
신기해서, 라디오 안을 살폈던 기억이 있다. 작은 난장이들이 라디오 안 어딘가
에 숨어 있는 것이 아닌가 싶었다. 라디오를 잘 들으려면 주파수를 잘 맞춰야 했
다. 주파수를 제대로 맞추지 못하면 소리가 아예 안 들리던가 아니면 지지직거리
는 잡음이 심했다.

믿음도 마찬가지다. 세상을 살다보면 수많은 잡음들이 들려온다. 하나님의 음성
을 듣지 못하게 하는 시끄러운 소리들이 가득하다. 어떻게 해야 잡음을 없앨 수
있을까? 주파수를 맞춰야 한다. 잡음과 씨름한다고 잡음이 사라지는 것이 아니
다. 잡음보다 더 큰 소리를 낸다고 잡음이 꼬리를 감추는 것도 아니다. 잡음을 잡
는다고 라디오를 때리면 라디오만 망가진다. 주파수를 맞추면 잡음은 언제 그랬
냐는 듯이 슬그머니 자취를 감춘다.

주님의 말씀이 그윽하다. 하나님에게서 난 사람은 하나님의 말씀을 듣는다. 하나
님에게서 났기 때문에 하나님의 말씀을 알아듣고 귀를 기울인다. 그렇다면 하나
님의 말씀을 듣지 않는다는 것은 무슨 의미일까? 하나님의 말씀을 듣지 않는다
는 것은 하나님에게서 나지 않았다는 사실을 반증한다.

누군가가 하나님에게서 난 사람인지 아닌지를 알 수 있는 길은, 하나님의 말씀이 하나님의 말씀으로 들리는지의 여부에 달려 있다.

4. 두레박(질문: 말씀을 읽고서 떠오르는 질문)

*하나님의 말씀이 하나님의 말씀으로 들린다는 것은 구체적으로 어떤 것을 말할까?

*하나님의 말씀을 듣지 않으면서도 하나님을 믿는다고 말하는 것이 가능할까?

5. 손우물(한 줄 기도: 짧을수록 마음을 담아)

주님의 말씀을 주님의 말씀으로 듣게 해주십시오.

6. 나비물(말씀의 실천: 생활 속에서 작은 것부터 실천하기)

주인을 알아보는 소나 나귀보다 못하지 않기(이사야 1:1-9)

7. 하늘바라기(오늘의 중보기도: 내 기도를 필요로 하는 이들을 기억하며)

우리의 마음을 물들이고 있는, 입 벌린 무덤과 같은 탐욕을 버리게 하소서.(합 2:5-11)

8. 도래샘(삶 돌아보기: 여유 있는 마음으로 내 삶을 바라보기)

내려오라

1. 오늘의 성서일과   이사야 1:10-18, 시편 32:1-7   하박국 1:1-4, 2:1-4
데살로니가후서 1:1-4,11-12   시편 119:137-144
누가복음 19:1-10

2. 꽃물(말씀 새기기: 오늘의 말씀 중 가장 의미 있게 다가온 말씀)
예수께서 그곳에 이르러서 쳐다보시고, 그에게 말씀하셨다. "삭개오야, 어서 내
려오너라. 오늘은 내가 네 집에서 묵어야 하겠다."(누가복음 19:5)

3. 마중물(말씀 묵상: 말씀을 묵상한 내용)
소유나 지위가 행복을 보장했다면, 삭개오는 군이 밖으로 나가지 않았을 것이다.
사람들이 자기를 싫어한다는 것을 누구보다 잘 알고 있기 때문이다. 삭개오는 예
수를 볼 수가 없었다. 예수 주변에는 사람들이 많았고, 삭개오는 키가 작았다. 예
수를 에워싸고 있는 이들은 혹시 자신들이 예수를 가리고 있는 것은 아닌지를
늘 살펴야 한다.
예수를 보고 싶은 마음이 얼마나 간절했던지 삭개오는 뽕나무 위로 올라간다. 그
런데 이게 웬일, 예수의 걸음이 뽕나무 아래에서 멈춘다. 그리고는 삭개오의 이
름을 대뜸 부른다. 이 대목에 이르면 늘 숨을 고르게 된다. 어찌 예수는 처음 보
는 삭개오의 이름을 알고 그의 이름을 불렀을까? 이름은 그의 정체성, 예수가 삭
개오의 이름을 불렀다는 것은 '나는 너를 안다.', '네가 왜 거기에 있는지를 안다.'
는 뜻이었을 것이다.
삭개오의 이름을 부른 예수가 처음으로 명한 것은 내려오라는 것이었다. 삭개오
가 오른 것은 뽕나무만이 아니었다. 삭개오는 로마라는 나무로 올라갔다. 사람들
이 욕을 하면 할수록 더 높은 곳으로 올랐고, 마침내 오른 자리가 세리장이었다.
그런데 예수는 그에게 내려오라고 한다. 네가 나를 만나기 위해서는 내가 선 자
리에 너도 서야 한다고 말하는 것이다.

삭개오의 마음을 헤아렸기 때문일 것이다. 주님은 삭개오의 집에 묵겠다고 한다.

삭개오의 의견을 따로 구하지 않는다. 누군가를 향해 오랜만에 열린 삭개오 집의 대문, 그날 활짝 열렸던 것은 대문보다도 삭개오의 마음이었다. 예수를 만나기 전까지 추구해왔던 삶을 예수가 내 집을 찾자 삭개오는 단번에 버린다. 그때 주님은 그 집의 구원을 선포한다. '집'은 공동체의 의미를 가지고 있다. 한 사람의 진정한 변화가 그가 속한 공동체를 구원으로 이끌 수 있음을 선언한다. 예수를 만나 극적으로 삶이 변한 사람 중 삭개오만한 사람이 누굴까 싶다.

4. 두레박(질문: 말씀을 읽고서 떠오르는 질문)
*어떻게 처음 만난 삭개오의 이름을 불렀을까?
*예수를 만난 지 오래된 나는 무엇이 변한 것일까?

5. 손우물(한 줄 기도: 짧을수록 마음을 담아)
주님을 만난 뒤의 삶이 만나기 전과 다르게 해주십시오.

6. 나비물(말씀의 실천: 생활 속에서 작은 것부터 실천하기)
하나님이 원하지 않는 것 버리기(이사야 1:10-18)

7. 하늘바라기(오늘의 중보기도: 내 기도를 필요로 하는 이들을 기억하며)
세상에 자랑할 만한 믿음의 사람들이 배출되게 하소서.(데살로니가후서 1:1-4, 11-12)

8. 도래샘(삶 돌아보기: 여유 있는 마음으로 내 삶을 바라보기)

세상에 쓸모없는 것

1. 오늘의 성서일과 시편 50   시편 142
느헤미야 13:1-3, 23-31   하박국 2:12-20
고린도전서 5:9-13

2. 꽃물(말씀 새기기: 오늘의 말씀 중 가장 의미 있게 다가온 말씀)

우상을 무엇에다 쓸 수 있겠느냐? 사람이 새겨서 만든 것이 아니냐? 거짓이나 가
르치는, 부어 만든 우상에게서 무엇을 얻을 수 있겠느냐? 그것을 만든 자가 자신
이 만든 것을 의지한다고 하지만, 그것은 말도 못하는 우상이 아니냐?(하박국 2:18)

3. 마중물(말씀 묵상: 말씀을 묵상한 내용)

광야의 백성들은 모세가 산에 오른 40일을 견디지 못했다. 아론에게로 몰려가
우리를 인도할 신을 만들어 달라고 요청한다. 아론은 그들에게 아내와 아들딸들
이 귀에 달고 있는 금고리들을 빼서 가져 오게 한다. 그렇게 만들어진 것이 수송
아지였다.

주님이 모세에게 어서 산에서 내려가 보라 한다. 모세는 돌아서서 증거판 둘을
손에 들고서 산에서 내려오는데, 수송아지 주위를 돌면서 춤을 추고 있는 백성을
보고는 분을 이기지 못해 손에 들고 있는 돌 판 두 개를 산 아래로 내던져 깨뜨려
버렸다. 백성들이 이렇게 큰 죄를 짓도록 어찌 그냥 놓아두었느냐고 항의를 하자
아론의 대답이 기가 막히다. 백성들이 금붙이를 가져왔기에 그것을 불에 넣었더
니 이 수송아지가 걸어서 나왔다는 것이었다.

새빨간 거짓말이다. 우상에는 두 가지 특징이 있다. 하나는, 사람이 만들었다는
것이다. 설마 수송아지가 불에서 걸어 나왔겠는가. 그들이 금을 녹이기 전에 한
일이 있었다. 수송아지를 빼닮은 거푸집을 만드는 것이었다. 자신들이 원하는 형
상을 정교하게 만들었다. 다른 하나는, 스스로 움직이지 못한다는 것이다. 사람
에 의해 만들어져 사람에 의해서 움직일 뿐이다.

그런데도 이상하다. 사람에 의해 만들어진 우상을 사람이 섬긴다. 아무 말도 못하는 우상에게 내가 알지 못하는 뜻을 알려달라고 빈다. 움직이지 못하는 우상 앞에 절을 하며 세상을 움직여 달라고 빈다. 세상에 쓸모없는 것, 우상 앞에서 말이다.

4. 두레박(질문: 말씀을 읽고서 떠오르는 질문)

*우상을 섬기는 심리는 무엇일까?

*스스로 움직이지 못하는 것에게 세상을 움직여 달라고 비는 것이 어찌 가능할까?

5. 손우물(한 줄 기도: 짧을수록 마음을 담아)

헛된 것을 주님인 것처럼 섬기는 일이 없게 해주십시오.

6. 나비물(말씀의 실천: 생활 속에서 작은 것부터 실천하기)

밋밋하게 가 아니라, 삼키는 불길처럼 무서운 돌풍처럼 오시는 주님 만나기(시편 50)

7. 하늘바라기(오늘의 중보기도: 내 기도를 필요로 하는 이들을 기억하며)

하나님의 말씀을 따라 구별할 것을 구별하게 하소서.(느헤미야 13:1-3, 23-31)

8. 도래샘(삶 돌아보기: 여유 있는 마음으로 내 삶을 바라보기)

어느 날의 기도

난 모른다
예수 그 사람
나와는 아무런 상관도 없이
계집종 앞에서
둘러선 무리 앞에서
헛기침조차 삼키며
저주에 맹세를 보태 부인을 하면서도
설마 이게 부인이려고
누구도 모를 이 작은 일이
스스로 부인을 부인할 때
생각과 망각의 거죽 찢으며 들려온
새벽닭 울음소리
자랑도 했고 장담도 했지만
나는 고작 이것밖에 안 되는구나
고개를 들 수 없는 알량한 초라함에
견딜 수가 없어
통곡으로 무너지는 베드로를 두고
쯧쯧 혀를 차며 타박을 하는
한마디도 울 줄 모르는
여전히 건재한 우리를 용서하소서

가면놀이를 그치라

1. 오늘의 성서일과   시편 50   시편 142
                      스가랴 7:1-14   하박국 3:1-16
                      유다서 1:5-21

2. 꽃물(말씀 새기기: 오늘의 말씀 중 가장 의미 있게 다가온 말씀)

너는 이 땅의 온 백성과 제사장에게 이렇게 말하여라. '너희가 지난 칠십 년 동
안, 다섯째 달과 일곱째 달에 금식하며 애곡하기는 하였으나, 너희가 진정, 나를
생각하여서 금식한 적이 있느냐?'(스가랴 7:5)

3. 마중물(말씀 묵상: 말씀을 묵상한 내용)

모든 이들을 사랑한 주님이 못 견딜 만큼 싫어한 이들이 있다. 겉을 그럴싸하게
꾸미는 자들이었다. 예수에게 그들은 영락없는 위선자였다. 그럴듯한 가면을 쓰
고 가면놀이를 하는 사람에 불과했다. 예수의 비난을 산 이들은 율법학자들과 바
리새파 사람들, 사람들에게서 믿음이 좋다고 인정과 존경을 받는 사람들이었다.
예수의 눈에 그들은 겉과 속이 다른 눈 먼 사람들이었다. 잔과 접시의 겉은 깨끗
이 하지만 안은 탐욕과 방종으로 가득 채우는 사람들이었다. 예수에게 그들은 회
칠한 무덤과 다를 것이 없었다. 겉으로는 아름답게 보이지만 그 안에는 죽은 사
람의 뼈와 온갖 더러운 것이 가득하기 때문이다. 겉으로는 사람들에게 의롭게 보
이지만, 속에는 위선과 불법이 가득했다.
분을 참지 못했기 때문일까, 마침내 예수는 종교 가면놀이를 하고 있는 이들을
향해 뱀들이라고, 그것도 그냥 뱀이 아니라 독사의 새끼들이라고, 너희는 지옥의
심판을 피할 길이 없을 것이라고 독설을 퍼부었다.

이스라엘 백성들이 포로생활을 하면서도 금식 규정을 지켰으니, 그 정성이 실로
대단하다. 그것도 70년간을 이어왔으니, 놀랄 만한 열정이다. 하지만 하나님은
그런 백성들을 향하여 반문하신다. 그들이 지켜온 금식이 정말로 하나님을 생각
하면서 한 것인지를 물으신다.

오늘날 우리가 지키고 있는 것들 중에는 다른 사람이 볼 때 대단한 열정으로 보이는 것들이 있다. 하지만 하나님은 마음을 헤아리신다. 그것이 겉을 꾸민 일인지, 정말로 하나님을 생각해서 한 일인지를 살피신다. 아무리 놀라운 일을 했다 하더라도 하나님이 아니라 나를 위해 한 것이라면, 그것은 가면놀이에 불과하다.

4. 두레박(질문: 말씀을 읽고서 떠오르는 질문)
*그들이 금식했던 것은 하나님의 환심을 사기에 금식이 가장 좋다고 생각했기 때문은 아닐까?
*오늘 우리의 믿음 중에 가면놀이에 해당하는 것은 없을까?

5. 손우물(한 줄 기도: 짧을수록 마음을 담아)
우리의 믿음이 가면놀이에 머물지 않게 해주십시오.

6. 나비물(말씀의 실천: 생활 속에서 작은 것부터 실천하기)
내 믿음과 기도의 동기를 철저하게 살펴보기.

7. 하늘바라기(오늘의 중보기도: 내 기도를 필요로 하는 이들을 기억하며)
주님이 우리에게 오시는 걸음소리를 창자가 뒤틀리고, 입술이 떨리고, 뼈가 속에서부터 썩어 들어가며, 다리가 후들거리며 듣게 하소서.(하박국 3:1-16)

8. 도래샘(삶 돌아보기: 여유 있는 마음으로 내 삶을 바라보기)

응답 토끼는 산다

1. 오늘의 성서일과

시편 50	시편 142
아모스 5:12-24	하박국 3:17-19
누가복음 19:11-27	

2. 꽃물(말씀 새기기: 오늘의 말씀 중 가장 의미 있게 다가온 말씀)

무화과나무에 과일이 없고 포도나무에 열매가 없을지라도, 올리브나무에서 딸 것이 없고 밭에서 거두어들일 것이 없을지라도, 우리에 양이 없고 외양간에 소가 없을지라도, 나는 주님 안에서 즐거워하련다. 나를 구원하신 하나님 안에서 기뻐 하련다.(하박국 3:17-18)

3. 마중물(말씀 묵상: 말씀을 묵상한 내용)

배고픔은 짐승에게나 인간에게나 가장 근원적인 고통이다. "세 끼 굶으면 군자 가 없다, 사흘 굶어 도둑질 아니 할 놈 없다, 사흘 굶어 담 아니 넘을 놈 없다, 사 흘 굶으면 못할 노릇이 없다, 사흘 굶으면 포도청의 담도 뛰어넘는다." 등 배고픔 에 대한 속담은 유난히 많다.

옛적에는 해마다 힘겹게 넘어야 하는, 세상에서 가장 무서운 고개가 있었다. 호 랑이가 출몰하는 뒷동산 고개가 아니었다. 먹을 것이 떨어져 초근목피로 연명해 야 하는 보릿고개였다. 배고픔에 대한 속담이 유난히 많은 것은 그만큼 배고픔에 대한 경험이 모두에게 흔했기 때문일 것이다.

장시간 적들에게 포위당한 결과일까, 성에는 없는 것 투성이다. 아무리 성이 견 고하다 해도 먹을 것이 떨어지면 더 이상은 버틸 수가 없다. 무화과나무에 과일 이 없고 포도나무에 열매가 없고 올리브나무에서 딸 것이 없고 밭에서 거두어들 일 것이 없다. 뿐만이 아니다. 우리에 양이 없고 외양간에 소가 없다. 밭을 보아도 과수원을 보아도 외양간을 보아도 먹을 것이 보이지 않는다.

그런데도 하박국은 태연하다. 무슨 일이 있느냐는 듯이 나는 주님 안에서 즐거워 하겠다고, 나를 구원하신 하나님 안에서 기뻐하겠다고 밝힌다. '주님 안에서'와 '나를 구원하신 하나님 안에서'라는 말에 무겁게 밑줄을 긋는다. 어디 그 말이 쉬운 말일 수 있을까.

눈 온 산의 양달 토끼는 굶어죽어도 응달 토끼는 산다고 했다. 바라보는 곳이 다르기 때문이다. 양달 토끼는 맞은편 아직 눈이 녹지 않은 응달쪽을 바라보며 굴 밖으로 나갈 생각을 하지 않는다. 반대로 응달 토끼는 눈이 다 녹은 양달쪽을 바라보며 굴 밖으로 나와 먹이를 구하기 때문이다. 어디에 어떤 형편에 있느냐 하는 것보다 중요한 것은 무엇을 바라보느냐 하는 것이다. 응달 토끼가 사는 것은 양달을 바라보기 때문이다.

4. 두레박(질문: 말씀을 읽고서 떠오르는 질문)

*없는 것 투성이가 되면 사람들은 어떤 선택을 할까?

*응달 토끼가 되어 양달쪽을 바라본 적이 언제였을까?

5. 손우물(한 줄 기도: 짧을수록 마음을 담아)

없는 것 투성이 속에서 더욱 주님을 바라보게 해주십시오.

6. 나비물(말씀의 실천: 생활 속에서 작은 것부터 실천하기)

아주 작은 일에 신실한 착한 종 되기(누가복음 19:11-27)

7. 하늘바라기(오늘의 중보기도: 내 기도를 필요로 하는 이들을 기억하며)

공의가 물처럼 흐르고 정의가 마르지 않는 강처럼 흐르는 우리나라 되게 하소서.(아모스 5:12-24)

8. 도래샘(삶 돌아보기: 여유 있는 마음으로 내 삶을 바라보기)

신 벗긴 자의 집안

1. 오늘의 성서일과 시편 17:1-9   시편 145:1-5, 17-21
신명기 25:5-10   스가랴 1:1-17
사도행전 22:22-23:11

2. 꽃물(말씀 새기기: 오늘의 말씀 중 가장 의미 있게 다가온 말씀)

홀로 남은 그 형제의 아내가, 장로들이 보는 앞에서 그에게 나아가서, 그의 발에서 신을 벗기고, 그의 얼굴에 침을 뱉으면서 말하기를 '제 형제의 가문 세우기를 원하지 않는 사람은 이렇게 된다.' 하십시오. 그 다음부터는 이스라엘 가운데서 그의 이름이 '신 벗긴 자의 집안'이라고 불릴 것입니다.(신명기 25:9-10)

3. 마중물(말씀 묵상: 말씀을 묵상한 내용)

'수혼'이란 제도가 있었다. 자식이 없이 죽은 남자의 형제는 그 미망인과 혼인하여 죽은 형제의 대가 끊어지지 않게 해야 한다. 이렇게 의무적으로 하는 혼인을 수혼이라 한다. 사람들은 수혼에서 태어난 첫 아들은 죽은 형제의 자식으로 여겼다.(룻기 1-4장, 신명기 25:5-10) 수혼 규정은 농경 사회의 대가족 제도를 전제한다. 한 남자의 이름은 그것이 남자 후손의 이름에 들어가는 한 보존된다. 형제의 대 잇기를 거절하는 사람은 신을 벗는 예식을 통해 모든 사람이 보는 앞에서 자신이 물려받은 의무를 다하지 못한 자라는 것을 드러낸다. 이를 벌한다는 뜻으로 사람들은 그의 가족(집)에 '신 벗기운 자의 집'이라는 좋지 않은 별명을 붙인다.(독일성서공회해설,《해설·관주 성경전서》)

어찌 형이 죽었다고 형수와 결혼을 할 수가 있을까? 아무리 대를 잇는 것도 좋고, 가문에 남길 이름을 이어가는 것이 중요하다고는 하지만, 죽은 형의 뒤를 이어 형수와 결혼을 한다는 것은 아무리 생각해도 우리 정서로는 해괴하다. 어떤 이유로든 그것을 받아들이지 않는 경우, 자신이 물려받은 의무를 다하지 못한 자라는 것을 공개적으로 드러내는 것도 그러하다. 전통을 지키지 않는 선택을 벌한다는 뜻으로 그의 집에 '신 벗기운 자의 집'이라는 좋지 않은 별명을 붙였으니 말이다.

수혼을 이해하거나 동의하는 것은 아니지만, 그것을 지키려는 마음은 한없이 애잔하고 애절하게 다가온다. 어떤 일이 있어도 포기할 수 없는 가치가 내겐, 우리에겐 무엇인지를 돌아보게 만든다.

4. 두레박(질문: 말씀을 읽고서 떠오르는 질문)

*성경에 나오는 규정 중 동의하기 어려운 규정은 어떻게 이해해야 할까?

*오늘 우리가 큰 수치로 여겨야 할 '신 벗긴 자의 집안'에는 어떤 것이 있을까?

5. 손우물(한 줄 기도: 짧을수록 마음을 담아)

무슨 일이 있어도 포기할 수 없는 것들을 끝까지 지키게 하소서.

6. 나비물(말씀의 실천: 생활 속에서 작은 것부터 실천하기)

나를 찾아오시는 주님과 '반보기'를 할 것(스가랴 1:1-17)

7. 하늘바라기(오늘의 중보기도: 내 기도를 필요로 하는 이들을 기억하며)

마른 땅에 물기 스미듯, 복음이 땅끝까지 퍼져가게 하소서.(사도행전 22:22-23:11)

8. 도래샘(삶 돌아보기: 여유 있는 마음으로 내 삶을 바라보기)

주님께 가까이 있는 사람

1. 오늘의 성서일과   시편 17:1-9   시편 145:1-5, 17-21
                          창세기 38:1-26   스가랴 6:9-15
                          사도행전 24:10-23

2. 꽃물(말씀 새기기: 오늘의 말씀 중 가장 의미 있게 다가온 말씀)

주님은, 주님을 부르는 모든 사람에게 가까이 계시고, 진심으로 부르는 모든 사람에게 가까이 계신다.(시편 145:18)

3. 마중물(말씀 묵상: 말씀을 묵상한 내용)

'볕이 밝으면 그림자도 진하다'는 속담이 있다. 농담은 아닐 터, 그림자면 그림자지 그림자에 무슨 농담(濃淡)이 있을까 싶은데, 손사래를 치듯 우리 속담은 더 진한 그림자에 대해 말한다. 그림자도 볕의 밝기에 따라 달라진다는 것이다. 희미한 볕 앞에서는 그림자도 희미하지만, 볕이 밝을수록 그림자도 진해진다는 것이다. 정말 그럴까 싶다.

문득 더 진한 그림자가 생각난 것은 시편의 한 말씀 때문이다. "주님은, 주님을 부르는 모든 사람에게 가까이 계시고, 진심으로 부르는 모든 사람에게 가까이 계신다." 하나님께는 먼 곳이 따로 없어, 어디에나 계신다. 아니 계신 곳 따로 없다. 하나님은 어느 누구에게나 가까이 계신다. 내가 나에게 가까운 것보다 더 가까이 계신다. 그러기에 내가 나를 아는 것보다도 나를 더 잘 아신다.

그런데, 하나님이 더 가까이 계시는 사람이 있다. 주님을 부르는 모든 사람에게 가까이 계시고, 진심으로 부르는 모든 사람에게 가까이 계신다. 진심으로 부르는 사람에게와 모든 사람에게 사이에 큰 글씨로 '더욱' '특별히'라 쓰고 싶은 마음이 든다.

열 손가락 깨물어 안 아픈 손가락 없다고 한다. 그 말은 사실이다. 자식이 아무리 많다고 해도 사랑스럽지 않은 자식이 누가 있을까? 그런데 더 아픈 손가락이 있다. 그것도 사실이어서 더 마음이 가는 자식이 있다. 마음 깊이 사랑하게 되는 자식이 있기 마련이다.

하나님의 속을 누가 알까만, 하나님께도 더 가까이 여겨지는 사람이 있을 것이다.

4. 두레박(질문: 말씀을 읽고서 떠오르는 질문)
＊주님께 가까이 있는 사람이 있다면 먼 사람도 있을 터, 그들은 누구일까?
＊주님이 가까이 있는 사람과 사람을 차별하지 않는 하나님은 어떻게 공존할 수 있을까?

5. 손우물(한 줄 기도: 짧을수록 마음을 담아)
하나님께 가까이 있는 사람으로 살고 싶습니다.

6. 나비물(말씀의 실천: 생활 속에서 작은 것부터 실천하기)
주님의 눈동자처럼 나를 지켜 주소서 할 만큼, 마음에 거짓이 없기(시편 17:1-9)

7. 하늘바라기(오늘의 중보기도: 내 기도를 필요로 하는 이들을 기억하며)
주님의 거룩하심을 회복하는 일을 위해, 먼 곳에 사는 사람들이 오게 하소서.(스가랴 6:9-15)

8. 도래샘(삶 돌아보기: 여유 있는 마음으로 내 삶을 바라보기)

대답하지 않는 대답

1. 오늘의 성서일과　시편 17:1-9　　　　　시편 145:1-5, 17-21
　　　　　　　　　　　출애굽기 3:13-20　　　　학개 1:1-15a
　　　　　　　　　　　누가복음 20:1-8

2. 꽃물(말씀 새기기: 오늘의 말씀 중 가장 의미 있게 다가온 말씀)
예수께서 그들에게 말씀하셨다. "나도 무슨 권한으로 이런 일을 하는지를 너희
에게 말하지 않겠다."(누가복음 20:8)

4. 마중물(말씀 묵상: 말씀을 묵상한 내용)
엉뚱한 생각이 든다. 우리는 아는 만큼이 아니라 모르는 만큼 말한다는 생각이
다. 세상에, 아는 만큼 말하는 것이지 어찌 모르는 만큼 말을 할 수 있는 걸까 싶
다가도, 곰곰 생각해 보면 생각이 달라진다. 안다면 그렇게 말하지 않았을 순간
들이 우리 삶에 적지가 않기 때문이다. 얼마나 마음 아프고 힘든지를 몰라 무심
한 말을 내뱉을 때가 얼마나 많은가. 그 마음속을 헤아리지 못해 큰 상처가 되는
말을 아무렇지도 않게 내뱉는 경우들이 적지가 않다.

예수께서 어느 날 성전에서 백성을 가르치시며, 기쁜 소식을 전하고 계실 때에,
대제사장들과 율법학자들이 장로들과 함께 예수께 와서 말했다.
"당신은 무슨 권한으로 이런 일을 합니까? 누가 이런 권한을 당신에게 주었습니
까? 어디 우리에게 말해 보십시오." 시비였을 것이다. 트집을 잡아 넘어뜨리려는
수작이었다. 파놓은 함정이 뻔해 보이는데 과연 무엇이라 대답을 할까, 예수의
대답이 궁금하다.
그런데 예수의 대답이 뜻밖이다. 대답 대신 하나의 질문을 하고 있기 때문이다.
"나도 너희에게 한 가지 물어 보겠으니, 나에게 대답해 보아라. 요한의 세례가 하
늘에서 난 것이냐? 사람에게서 난 것이냐?" 그들은 자기들끼리 의논하면서 말하
였다. "'하늘에서 났다'고 말하면, '어찌하여 그를 믿지 않았느냐.'고 할 것이요,
'사람에게서 났다.'고 말하면, 온 백성이 요한을 예언자로 믿고 있으니, 그들이 우

리를 돌로 칠 것이다." 그들은 궁리 끝에 요한의 세례가 어디에서 났는지를 모른
다고 대답을 한다.

그들의 대답을 들은 예수는 마지막 대답을 한다. "나도 무슨 권한으로 이런 일을
하는지를 너희에게 말하지 않겠다." 왜 우리는 모든 질문에 다 대답을 하려는 것
일까, 대답하지 않는 것이 가장 좋은 대답일 수 있는데도.

4. 두레박(질문: 말씀을 읽고서 떠오르는 질문)

＊모든 질문에 대해 대답할 수 있는 능력이나 자격이 우리에게 있는 것일까?

＊굳이 대답하지 않음으로 함정에서 벗어나는 모습에서 무엇을 배울 수 있을까?

5. 손우물(한 줄 기도: 짧을수록 마음을 담아)

모든 일에 대답해야 한다는 부담과 교만에서 건져주소서.

6. 나비물(말씀의 실천: 생활 속에서 작은 것부터 실천하기)

스스로 있는 하나님을 특별한 언어로 규정하지 않기(출애굽기 3:13-20)

7. 하늘바라기 (오늘의 중보기도: 내 기도를 필요로 하는 이들을 기억하며)

내 집을 꾸미기보다 무너진 주님의 집을 먼저 일으키게 하소서.(학개 1:1-15a)

8. 도래샘(삶 돌아보기: 여유 있는 마음으로 내 삶을 바라보기)

지금은 하찮게 보여도

1. 오늘의 성서일과

욥기 19:23-27a, 시편 17:1-9
데살로니가후서 2:1-5, 13-17
누가복음 20:27-38

학개 1:15b-2:9
시편 145:1-5, 17-21 또는 시편 98

2. 꽃물(말씀 새기기: 오늘의 말씀 중 가장 의미 있게 다가온 말씀)

너희 남은 사람들 가운데, 그 옛날 찬란하던 그 성전을 본 사람이 있느냐? 이제 이 성전이 너희에게 어떻게 보이느냐? 이것이, 너희 눈에는 하찮게 보일 것이다.(학개 2:3)

3. 마중물(말씀 묵상: 말씀을 묵상한 내용)

'학개'라는 이름의 뜻은 '명절에 속한'이다. 아마도 명절에 태어났기 때문인 것으로 여겨지는데, 삶이 명절과 같기를 바라는 마음이 담긴 것일지도 모르겠다. BC 538년 바벨론 왕 고레스는 바벨론에 포로로 끌려와 있던 이스라엘 사람들이 고국으로 돌아가는 것을 허락한다. 무너진 성전을 재건하는 것을 허락했다.(스바냐 1장)

외국 생활 70여년 만에 고국으로 돌아온다는 것은 쉬운 결정이 아니었지만, 무너진 성전을 다시 일으켜 세우려는 마음으로 사람들은 돌아왔다. 돌아오자마자 시작된 성전재건 공사는 이내 중단이 되고 만다. 먹을 것조차 없는 열악한 상황과 주변에서의 방해 때문이었다.(스바냐 3:8, 4:24)

그와 같은 상황에서 선지자 학개와 스가랴는 성전 건축을 독려했고, 중단되었던 성전 건축은 다시 시작이 된다.(스바냐 5:1-2, 스가랴 6:9-15, 8:9-13) 학개의 선포는 주로 고레스가 유다 총독으로 임명한 스룹바벨과 종교 지도자인 여호수아 대제사장을 향했다. 학개의 외침은 분명하다. 너희는 어렵기 때문에 성전 공사를 중단했다고 하는데 아니다. 성전 건축을 중단했기 때문에 어려움을 겪고 있다는 것이었다. 인식의 재전환을 촉구했던 것이다.

화려했던 옛 성전의 모습을 기억하는 이들에게는 기초만 겨우 놓은 채 방치되고 있는 성전은 너무도 초라한 모습이었을 것이다. 그러니 하찮게 보일 수밖에 없었을 것이다. 그런 백성들에게 학개는 하나님의 뜻을 외친다. 하나님이 모든 민족을 뒤흔들 것이라고, 그러면 모든 민족의 보화가 이리로 모일 것이라고, 하나님이 이 성전을 보물로 가득 채울 것이고, 바로 이곳에 평화가 깃들게 하신다고. 예언자란 지금 보이는 것을 말하는 사람이 아니다. 보이는 것 너머의 하나님의 뜻을 전하는 사람이다.

4. 두레박(질문: 말씀을 읽고서 떠오르는 질문)

* 오늘도 무너진 채 방치되고 있는 하나님의 거룩하심에는 어떤 것들이 있을까?
* 초라함 너머에 있는 하나님의 영광을 말하는 것, 믿음과 허황된 꿈과는 어떤 차이가 있는 걸까?

5. 손우물(한 줄 기도: 짧을수록 마음을 담아)

절망 너머에 있는 하나님의 희망을 바라보게 해주십시오.

6. 나비물(말씀의 실천: 생활 속에서 작은 것부터 실천하기)

내 생각 속에 하나님의 뜻을 가두지 않기(누가복음 20:27-38)

7. 하늘바라기(오늘의 중보기도: 내 기도를 필요로 하는 이들을 기억하며)

자기가 하나님이라도 된 것처럼 외치는 이들에게 속지 않게 하소서.(데살로니가후서 2:1-5, 13-17)

8. 도래샘(삶 돌아보기: 여유 있는 마음으로 내 삶을 바라보기)

상전의 손을 살피는 종의 눈처럼

1. 오늘의 성서일과   시편 123   시편 98
                        욥기 20:1-11   학개 2:10-19
                        베드로후서 1:16-21

2. 꽃물(말씀 새기기: 오늘의 말씀 중 가장 의미 있게 다가온 말씀)

상전의 손을 살피는 종의 눈처럼, 여주인의 손을 살피는 몸종의 눈처럼, 우리의
눈도, 주님께서 우리에게 자비를 베푸시길 원하여 주 우리 하나님을 우러러봅니
다.(시편 123:2)

3. 마중물(말씀 묵상: 말씀을 묵상한 내용)

시편 120-134편에는 같은 제목이 붙여져 있다. '성전에 올라가는 노래'라는 제
목이다. '성전에 올라가는 노래'라는 말은 '계단들'을 뜻하는 것으로 여겨져서 많
은 주석가들이 성전으로 올라가는 계단을 가리키는 것으로 이해했다. 예루살렘
성전을 순례하는 순례자들이 성전 계단을 오르며 부른 노래로 이해를 한 것이다.
구석구석 흩어져 살아가는 디아스포라로서는 성전을 찾는 것이 꿈같은 일, 계단
하나하나가 새로웠을 것이다.

하나님의 은총을 바라보는 시편 123편도 마찬가지다. 하늘 보좌에서 다스리시는
주님을 눈을 들어 우러러본다. 주님을 바라보는 자신의 마음을 떨리는 심정으로
밝힌다. "상전의 손을 살피는 종의 눈처럼, 여주인의 손을 살피는 몸종의 눈처럼,
우리의 눈도, 주님께서 우리에게 자비를 베푸시길 원하여 주 우리 하나님을 우러
러봅니다."
주인이 무엇을 원하는지, 무엇을 요구하는지를 살피기 위해서 한 순간도 주인의
손에서 눈을 떼지 않는 종과 여종의 눈처럼, 하나님을 바라본다. 무엇을 말씀하
시든지 듣겠다는, 말씀하신 것을 따르겠다는 마음을 이보다 더 분명하게 밝힌 구
절이 무엇일까 싶을 정도이다.
종이 주인의 손을 살피는 데는 또 한 가지 이유가 있다. 자신의 삶이 주인에게 달

려 있다는 것을 알기 때문이다. 주인이 자신과 가족을 먹여줄 뿐만 아니라, 크고 작은 공격과 위험으로부터 자신을 지켜준다는 것을 너무나도 잘 알고 있기 때문이다.

순례자는 상전의 손을 살피는 종의 심정으로 주님의 은혜를 구한다. 지금 그의 삶은 고통으로 가득차 있기 때문이다. 그는 지금 너무나도 많은 멸시를 받고 있다. 고통 받는 자신들과는 달리 평안하게 사는 자들의 조롱과 오만한 자들의 멸시가 그들의 마음에 차고 넘치기 때문이다.

주님의 은총을 바라보는 우리의 마음이 상전의 손을 바라보는 종의 눈과 같기를.

4. 두레박(질문: 말씀을 읽고서 떠오르는 질문)

* 예배의 자리로 향하는 우리들의 마음은 어떤 마음인 걸까?
* 왜 우리는 상전의 손을 바라보는 종의 눈과 같은 마음을 갖지 못하는 걸까?

5. 손우물(한 줄 기도: 짧을수록 마음을 담아)

주님을 찾는 우리의 마음이 가난하고 갈급한 마음이게 해주십시오.

6. 나비물(말씀의 실천: 생활 속에서 작은 것부터 실천하기)

내가 경험한 것을 말하기(베드로후서 1:16-21)

7. 하늘바라기(오늘의 중보기도: 내 기도를 필요로 하는 이들을 기억하며)

먼저 하나님의 뜻을 따름으로 이 땅이 기름진 땅이 되게 하소서.(학개 2:10-19)

8. 도래샘(삶 돌아보기: 여유 있는 마음으로 내 삶을 바라보기)

유일한 위로

1. 오늘의 성서일과　시편 123　　　　　　시편 98
　　　　　　　　　　　욥기 21:1, 17-34　　　학개 2:20-23
　　　　　　　　　　　요한일서 1:1-13

2. 꽃물(말씀 새기기: 오늘의 말씀 중 가장 의미 있게 다가온 말씀)

너희는 내 말을 건성으로 듣지 말아라. 너희가 나를 위로할 생각이면, 내가 하는
말에 귀를 기울여라. 그것이 내게는 유일한 위로이다.(욥기 20:2)

3. 마중물(말씀 묵상: 말씀을 묵상한 내용)

같은 자리에 앉아 누군가의 말을 같이 듣는다 해도, 듣는 이의 태도와 마음에 따
라서 듣는 것이 달라진다. 우리는 '귀담아' 듣기도 하고, '귓등으로' 듣기도 한다.
사소한 말까지 놓치지 않고 말보다도 그 말을 하는 사람의 마음에 귀를 기울인
다면, 그것은 귀담아 듣는 것이다. 듣는 척 하며 적당히 맞장구를 치지만 마음이
딴 데 가 있는 경우라면, 그것은 귓등으로 듣고 귓등으로 흘리는 것이 된다.

《단순한 기쁨》에서 피에르 신부는 이렇게 말한다. "나는 타인의 고통 앞에서는
두 가지 태도만이 바르다고 마음속 깊이 확신한다. 침묵하고, 함께 있어주는 것
이다.", "고통 받는 자들에게 충고를 하려 들지 않도록 주의하자. 그들에게 멋진
설교를 하지 않도록 주의하자. 신앙에 대한 설교일지라도 말이다. 다만 애정 어
리고 걱정 어린 몸짓으로 조용히 기도함으로써, 그 고통에 함께 함으로써 우리가
곁에 있다는 것을 느끼게 해주는 그런 조심성, 그런 신중함을 갖도록 하자. 자비
란 바로 그런 것이다. 그리고 그것은 인간의 경험들 가운데 가장 아름답고 가장
정신을 풍요롭게 해주는 것이다." 그의 말이 단순하고 선명하다.

욥의 호소 속에도 그런 심정이 담겨 있다. 자신의 아픔을 헤아리며 공감하는 대
신 옳은 소리만 해대고 있는 친구들이 너무도 야속하다. 우리는 얼마나 자주 맞
는 말로 다른 이를 아프게 하고 있는지 모른다. "내가 뭐 틀린 말 했어?" 그런

말은 대개 누군가에게 큰 상처를 준 뒤에 스스로를 위로하며 하는 말이다. 누군가가 하는 말을 귀담아 듣는 것, 그것이 고통 당하는 자에게는 유일한 위로 이다.

4. 두레박(질문: 말씀을 읽고서 떠오르는 질문)

＊왜 우리는 누군가의 말을 귓등으로 듣는 것일까?

＊귀담아 들음으로 누군가로부터 위로를 받은 적은 언제였을까?

5. 손우물(한 줄 기도: 짧을수록 마음을 담아)

마음 아픈 이의 말을 더욱 귀담아 듣게 해주십시오.

6. 나비물(말씀의 실천: 생활 속에서 작은 것부터 실천하기)

지나치게 나가서 그리스도의 가르침에서 벗어나는 일 없기(요한이서 1:1-13)

7. 하늘바라기(오늘의 중보기도: 내 기도를 필요로 하는 이들을 기억하며)

이 땅의 교회가 주님의 옥새로 회복되게 하소서.(학개 2:20-23)

8. 도래샘(삶 돌아보기: 여유 있는 마음으로 내 삶을 바라보기)

복 받는 사람의 표본

1. 오늘의 성서일과　　시편 123　　　　　　시편 98
　　　　　　　　　　　　욥기 25:1-26:14　　스가랴 8:1-17
　　　　　　　　　　　　요한복음 5:19-29

2. 꽃물(말씀 새기기: 오늘의 말씀 중 가장 의미 있게 다가온 말씀)

유다 집과 이스라엘 집은 들어라. 이전에는 너희가 모든 민족에게서 저주받는 사람의 표본이었다. 그러나 이제 내가 너희를 구원할 것이니, 너희는 복 받는 사람의 표본이 될 것이다. 두려워하지 말아라! 힘을 내어라!(스가랴 8:13)

3. 마중물(말씀 묵상: 말씀을 묵상한 내용)

드물지만 극적 반전은 일어난다. 드물게 일어나기에 더 극적으로 여겨진다. 9회 말 2사 이후 점수가 뒤집히는 야구가 그렇고, 경기 종료 시간을 알리는 버저 소리와 함께 던진 공이 망을 갈라 승부가 갈리는 농구가 그렇고, 다 끝났다 싶은 상황에서 마지막 묘수를 발견하여 승부를 뒤집는 바둑이 그러하다. 어디 그것뿐이겠는가, 사업도 사랑도 인생도 그럴 때가 있다.

태어날 때부터 맹인으로 태어나 구걸하며 살던 사람이 있었다. 어느 날 그가 눈을 뜨게 된다. 실로암 연못에 가서 눈을 씻으라는 예수의 말을 듣고, 하라는 대로 했더니 눈을 뜨게 되었다. 그가 돌아왔을 때 작은 소동이 일었다. 그가 눈을 뜬 모습을 보고는 전에 알던 그 사람이라 말하는 이들도 있었고, 비슷할 뿐 다른 사람이라 말하는 이들도 있었던 것이다. 그에게 달라진 것은 못 보던 눈을 뜨게 된 것 뿐이었다. 그런데 그 변화가 너무나 놀라워서 사람들은 그를 보면서도 그 사실을 받아들이지 못한 것이었다.

주님이 주님의 백성들에게 극적 반전을 말씀하신다. 이전에는 너희가 모든 민족에게서 저주받는 사람의 표본이었지만, 이제 내가 너희를 구원할 것이니 너희는 복 받는 사람의 표본이 될 것이라 하신다.

눈시울이 뜨거워진다. 저주받는 사람의 표본에서 복 받는 사람의 표본으로 바뀐다면, 그런 극적 반전이 또 어디 있겠는가. 그 은총은 무너진 성전을 다시 세울 때 하나님이 주시는 은총이다. 우리가 우리의 무너진 믿음을 회복할 때, 하나님이 약속하신 극적 반전은 다시 한 번 일어나지 않겠는가. 복 받는 사람의 표본이 무엇인지를 행복함으로 경험하고 싶다.

4. 두레박(질문: 말씀을 읽고서 떠오르는 질문)

*저주 받는 사람의 표본은 어떤 경우일까?

*복 받는 사람의 모습은 구체적으로 어떤 모습일까?

5. 손우물(한 줄 기도: 짧을수록 마음을 담아)

이 땅의 그리스도인들이 복 받는 사람의 표본으로 살게 하소서.

6. 나비물(말씀의 실천: 생활 속에서 작은 것부터 실천하기)

익숙함에서 벗어나 새 노래로 주님을 찬양하기(시편 98)

7. 하늘바라기(오늘의 중보기도: 내 기도를 필요로 하는 이들을 기억하며)

무덤 속에 있는 사람들이 다 주님의 음성을 듣고 살아나게 하소서.(요한복음 5:19-29)

8. 도래샘(삶 돌아보기: 여유 있는 마음으로 내 삶을 바라보기)

내가 너를 고쳐주마

1. 오늘의 성서일과　시편 98　　　　　　　　이사야 12
　　　　　　　　　　　사무엘상 28:3-19　　　　이사야 57:14-21
　　　　　　　　　　　로마서 1:18-25

2. 꽃물(말씀 새기기: 오늘의 말씀 중 가장 의미 있게 다가온 말씀)

이제 내가 말로 평화를 창조한다. 먼 곳에 있는 사람과 가까운 곳에 있는 사람
에게 평화, 평화가 있으라. 주님께서 약속하신다. "내가 너를 고쳐 주마."(이사야
57:19)

3. 마중물(말씀 묵상: 말씀을 묵상한 내용)

중한 병이 들어 나을 거라는 가망이 없을 때, 크게 신뢰할 만한 의사가 나를 찾아
와 내가 당신을 고치겠습니다, 한다면 그 말은 얼마나 고맙게 들릴까? 포기했던
희망을 다시 되찾을 때, 세상은 눈이 부실 만큼 아름답게 보일 것이다.

하나님이 이스라엘 백성들에게 약속을 한다. 하나님이 돕고 고치시겠다고 하신
다. 그렇게 말씀하시는 하나님은 지극히 높으신 분, 영원히 살아 계시며, 거룩한
이름을 가진 분이시다. 지금 이스라엘 백성들은 나라를 빼앗긴 채 포로생활을 하
고 있다. 평화를 송두리째 잃어버렸다.
하나님으로부터 은총을 받을 자격을 모두 잃었다고 낙심하는 것이 마음에 걸리
셨을까, "내가 비록 높고 거룩한 곳에 있으나, 겸손한 사람과도 함께 있고, 잘못
을 뉘우치고 회개하는 사람과도 함께 있다. 겸손한 사람과 함께 있으면서 그들
에게 용기를 북돋우어 주고, 회개하는 사람과 같이 있으면서 그들의 상한 마음을
아물게 하여 준다."고 하나님이 심정을 밝히신다.
하나님은 사람들과 끝없이 다투지만은 않는다고, 한없이 분을 품지도 않는다고,
사람에게 생명을 주었는데 사람들과 끝없이 다투고 한없이 분을 품고 있으면, 사
람이 어찌 견디겠느냐 위로의 말을 건네신다. 사람의 소행이 얼마나 악한 지를
다 알고 있지만 그들을 고쳐 주고 인도하여 주며 도와주겠다고, 슬퍼하는 사람들

을 위로해 주겠다고, 손가락을 걸 듯 약속하신다.

사람은 잘못된 삶으로 평화를 깨뜨리지만, 하나님은 말씀으로 평화를 창조한다. 먼 곳에 있는 사람과 가까운 곳에 있는 사람 모두에게 평화를 선포하신다. 평화는 하나님의 선물이다. 이 선물은 하나님이 우리를 고치실 때 비로소 주어진다. "내가 너를 고쳐 주마." 깊이 병든 이 땅에도 하나님의 음성이 은총으로 퍼지기를.

4. 두레박(질문: 말씀을 읽고서 떠오르는 질문)

*하나님의 말씀이 평화임을 언제 경험했을까?

*하나님의 치유가 평화로 가는 길임을 우리는 언제나 깨달을까?

5. 손우물(한 줄 기도: 짧을수록 마음을 담아)

주님이 우리를 고치실 때, 우리는 비로소 평화를 누립니다.

6. 나비물(말씀의 실천: 생활 속에서 작은 것부터 실천하기)

주님의 침묵 앞에서 잘못된 것 선택하지 않기(사무엘상 28:3-19)

7. 하늘바라기(오늘의 중보기도: 내 기도를 필요로 하는 이들을 기억하며)

하나님의 내버려두심을 두려워하게 하소서.(로마서 1:18-25)

8. 도래샘(삶 돌아보기: 여유 있는 마음으로 내 삶을 바라보기)

복과 해원(解冤)

1. 오늘의 성서일과

시편 98   이사야 12
사무엘하 21:1-14   이사야 59:1-15a
데살로니가후서 1:3-12

2. 꽃물(말씀 새기기: 오늘의 말씀 중 가장 의미 있게 다가온 말씀)

다윗이 기브온 사람에게 물었다. "내가 당신들에게 어떻게 하면 좋겠소? 내가 무엇으로 보상을 하여야, 주님의 소유인 이 백성에게 복을 빌어 주시겠소?"(사무엘하 21:3)

3. 마중물(말씀 묵상: 말씀을 묵상한 내용)

고난은 뒤를 돌아보게 한다. 다윗 시대에 세 해 동안이나 흉년이 들자 다윗이 주님 앞에 나아가서 그 곡절을 물었다. 주님께서는 사울과 그의 집안이 기브온 사람을 죽여 살인죄를 지은 탓이라고 대답을 하신다.

다윗은 기브온 사람을 불러다가 물었다. "내가 당신들에게 어떻게 하면 좋겠소? 내가 무엇으로 보상을 하여야, 주님의 소유인 이 백성에게 복을 빌어 주시겠소?" 그러자 기브온 사람이 대답한다. 사울이나 그의 집안과 자신들 사이의 갈등은 은이나 금으로 해결할 문제가 아니라고, 사울의 자손 가운데서 남자 일곱 명을 우리에게 넘겨주면 사울이 살던 기브아에서 자신들이 그들을 나무에 매달겠다고 한다.

기브온 사람은 본래 이스라엘 백성의 자손이 아니라 아모리 사람 가운데 살아남은 사람들로, 이미 이스라엘 백성이 그들을 살려 주겠다고 맹세하였는데도(여호수아 9장) 사울은 이스라엘 민족국가를 세우기 위해 할 수 있는 대로 그들을 다 죽이려고 하였다. 다윗은 그들의 말을 받아들여 사울 집안의 남자 일곱을 기브온 사람의 손에 넘겨준다. 기브온 사람이 그들을 산에 있는 나무에 매달아 놓으니, 일곱이 다 함께 죽었다. 그렇게 죽은 일곱 중 두 아들을 잃은 아야의 딸 리스바가 굵은 베로 만든 천을 가져다가 바윗돌 위에 쳐 놓고 그 밑에 앉아서 보리를 거두기 시작할 때로부터 하늘에서 그 주검 위로 가을비가 쏟아질 때까지, 낮에는 공

중의 새가 그 주검 위에 내려앉지 못하게 하고, 밤에는 들짐승들이 얼씬도 하지 못하게 하며 시신을 지켰다. 그 이야기를 듣고 감명을 받은 다윗은 사울 집안의 모든 시체를 정중하게 장사 지내게 한다.

다윗이 사람들이 나무에 매달아 죽인 사람들의 뼈와 함께 사울의 뼈와 그의 아들 요나단의 뼈를 모아, 사울의 아버지 기스의 무덤에 합장하였다. 그렇게 한 뒤에야 하나님이, 그 땅을 돌보아 주시기를 비는 그들의 기도를 들어주셨다.

원통함을 두고는 복이 오지 않는다. 원통함이 풀릴 때 복은 찾아온다.

4. 두레박(질문: 말씀을 읽고서 떠오르는 질문)

*기브온 사람들의 주장을 지나치다 할 수 있을까?

*다윗의 결정으로 아야의 딸 리스바의 원통함도 풀렸을까?

5. 손우물(한 줄 기도: 짧을수록 마음을 담아)

누군가의 억울함을 가볍게 여기지 않게 하소서.

6. 나비물(말씀의 실천: 생활 속에서 작은 것부터 실천하기)

공의를 베푸시는 하나님을 신뢰하기(데살로니가후서 1:3-12)

7. 하늘바라기(오늘의 중보기도: 내 기도를 필요로 하는 이들을 기억하며)

이 땅에서 공평이 뒤로 밀려나고 공의가 멀어지며, 성실이 땅바닥에 떨어지고, 정직이 발붙이지 못하는 일이 없게 하소서.(이사야 59:1-15a)

8. 도래샘(삶 돌아보기: 여유 있는 마음으로 내 삶을 바라보기)

여기, 저기, 사이

1. 오늘의 성서일과   시편 98   이사야 12
                              에스겔 10:1-19   이사야 59:15b-21
                              누가복음 17:20-37

2. 꽃물(말씀 새기기: 오늘의 말씀 중 가장 의미 있게 다가온 말씀)

또 '보아라, 여기에 있다.' 또는 '저기에 있다.' 하고 말할 수도 없다. 보아라, 하나님의 나라는 너희 가운데에 있다.(누가복음 17:21)

3. 마중물(말씀 묵상: 말씀을 묵상한 내용)

사람들은 확실한 것을 좋아한다. 하나님의 나라는 명왕성 옆에 있다고, 이름을 대면 알만한 목사가 설교를 했다는 말을 들은 적이 있다. 확실하지 않은 것을 확실하게 말하면 믿음이 좋고 영안이 열린 것처럼 보이는 것일까, 예수의 말대로 주검이 있는 곳에는 또한 독수리들이 모여드는 법이다. 수요가 있는 곳에 공급이 있다.

바리새파 사람들이 하나님의 나라가 언제 오느냐고 묻자 예수께서 대답을 한다. "하나님의 나라는 눈으로 볼 수 있는 모습으로 오지 않는다. 또 '보아라, 여기에 있다.' 또는 '저기에 있다.' 하고 말할 수도 없다. 보아라, 하나님의 나라는 너희 가운데에 있다." 하나님의 나라는 여기에 있다고, 저기에 있다고 외치는 자들이 적지 않았을 것이다. 그런 이들은 지금 이 시대에도 얼마든지 있다. 다 아는 것처럼 말하는 것이 영적 지도자로 인정받는데 도움이 되었을 터였다. 그런 점에서 하나님의 나라가 너희 가운데 있다는 말씀은 꽤나 싱겁게 들렸을 것 같다. "사람들이 너희더러 말하기를 '보아라, 저기에 계신다.', [또는] '보아라, 여기에 계신다.' 할 것이다. 그러나 너희는 따라 나서지도 말고, 찾아다니지도 말아라." 그렇게 말하는 사람들이 있다고 해서 아무 장단에나 춤을 추지 말라고 하신다. 괜한 허풍에 호들갑으로 반응할 일이 아니라는 것이다.

한 가지 경고를 보태신다. 그 날 밤에 두 사람이 한 잠자리에 누워 있을 터이나, 한 사람은 데려가고, 다른 한 사람은 버려 둘 것이다. 또 두 여자가 함께 맷돌질을 하고 있을 터이나, 한 사람은 데려가고, 다른 한 사람은 버려 둘 것이다. 누구를 데려가고 누가 남을지를 결정하는 것은 너희들이 아니라고 단언한다. 하나님의 나라는 여기와 저기에 있지 않다. 하나님의 나라는 우리 사이에 있다.

4. 두레박(질문: 말씀을 읽고서 떠오르는 질문)

*사람들은 왜 여기와 저기를 기웃거리는 것일까?

*하나님의 나라가 우리 사이에 있는 것이라면, 우리가 해야 할 일은 무엇일까?

5. 손우물(한 줄 기도: 짧을수록 마음을 담아)

우리 사이에 하나님의 나라를 모시고 살게 해주십시오.

6. 나비물(말씀의 실천: 생활 속에서 작은 것부터 실천하기)

중재자로 살아가기(이사야 59:15b-21)

7. 하늘바라기(오늘의 중보기도: 내 기도를 필요로 하는 이들을 기억하며)

현실에 매몰되는 대신 그 너머에 있는 하나님의 뜻을 헤아리게 하소서.(에스겔 10:1-19)

8. 도래샘(삶 돌아보기: 여유 있는 마음으로 내 삶을 바라보기)

외양간에서 풀려난 송아지처럼

1. 오늘의 성서일과 말라기 4:1-2a, 시편 98   이사야 65:17-25
데살로니가후서 3:6-13   이사야 12
누가복음 21:5-19

2. 꽃물(말씀 새기기: 오늘의 말씀 중 가장 의미 있게 다가온 말씀)

그러나 내 이름을 경외하는 너희에게는, 의로운 해가 떠올라서 치료하는 광선을 발할 것이니 너희는 외양간에서 풀려 난 송아지처럼 뛰어다닐 것이다.(말라기 4:2)

3. 마중물(말씀 묵상: 말씀을 묵상한 내용)

구약성경의 맨 마지막 책은 '말라기'다. 말라기는 '나의 사자'라는 뜻을 가지고 있다. 그의 예언 내용은 학개, 에스라, 느헤미야 상황과 겹친다. 바벨론에서 귀환한 유다 백성들이 성전을 다시 세우기는 했지만, 그동안 예언자들이 외쳤던 놀라운 변화는 일어나지 않고 있었다. 성전을 재건한 결과가 기대에 미치지 못하자, 낙담하는 분위기가 널리 퍼져 있었다. 예배는 변질되어 형식만 남아 있었고, 하나님의 말씀은 제대로 지켜지지 않았다.

마지막 장인 4장에 이르러 말라기는 주님의 날이 오면 하나님께 신실한 자들과 하나님을 가볍게 여기는 자들의 차이가 확연하게 드러날 것을 말한다. 지금은 아무런 차이가 없는 것 같아 신실하게 살아가는 것이 바보처럼 여겨지고, 대충 믿으면서 자기 마음대로 사는 것이 잘 사는 것처럼 보이지만 그렇지가 않다는 것이다.

주님의 날이 이르면 모든 것이 명확해진다. 그날은 용광로의 불길같이 모든 것을 살라 버린다. 모든 교만한 자와 악한 일을 하는 자들은 지푸라기같이 타 버린다. 악인들의 뿌리와 가지를 남김없이 태운다. 가지가 타면 열매를 맺지 못하지만, 뿌리가 타면 살 수가 없다. 결국 악한 자들은 주님을 경외하는 이들의 발바닥 밑에서 재처럼 짓밟히고 만다.

힘들고 고통스러운 상황 속에서도 주님의 이름을 경외하는 사람들에게는 전혀

다른 결과가 주어진다. 그들에게는 의로운 해가 떠올라서 치료하는 광선을 발한
다. 그동안 믿음을 지키면서 입었던 상처와 아픔과 병을 주님께서 빛으로 고쳐주
신다. 주님께서 고치시면 주님을 경외하는 이들은 외양간에서 풀려 난 송아지처
럼 뛰어다니게 된다. 그동안은 외양간에 갇힌 송아지처럼 주눅이 들어있었지만,
이제는 다르다. 주님이 모든 것을 회복하셨기에 마음껏 기뻐서 뛴다. 외양간에서
풀려난 송아지, 우리가 믿음 안에서 꿈꿔야 할 참된 자유의 모습이다.

4. 두레박(질문: 말씀을 읽고서 떠오르는 질문)

*용광로의 불길은 지푸라기를 태우고, 치료하는 광선은 병을 치료한다. 나는 어
  떤 빛 앞에 있는가?
*외양간에서 풀려난 송아지처럼 뛰어다닌 적이 있는지?

5. 손우물(한 줄 기도: 짧을수록 마음을 담아)

믿음 안에서 참된 자유를 누리게 해주십시오.

6. 나비물(말씀의 실천: 생활 속에서 작은 것부터 실천하기)

멀리할 사람은 멀리하기(데살로니가후서 3:6-13)

7. 하늘바라기(오늘의 중보기도: 내 기도를 필요로 하는 이들을 기억하며)

이리와 어린 양이 함께 풀을 먹으며, 사자가 소처럼 여물을 먹으며, 뱀이 흙을 먹
이로 삼는 세상을 우리에게 주소서.(이사야 65:17-25)

8. 도래샘(삶 돌아보기: 여유 있는 마음으로 내 삶을 바라보기)

주님의 작품

1. 오늘의 성서일과
시편 141
에스겔 11:14-25
에베소서 4:25-5:2

시편 76
이사야 60:17-22

2. 꽃물(말씀 새기기: 오늘의 말씀 중 가장 의미 있게 다가온 말씀)
너의 백성이 모두 시민권을 얻고, 땅을 영원히 차지할 것이다. 그들은 주님께서
심으신 나무다. 주님의 영광을 나타내라고 만든 주님의 작품이다.(이사야 60:21)

3. 마중물(말씀 묵상: 말씀을 묵상한 내용)
포로로 끌려갔던 이들이 돌아오고 있다고는 하지만 아직 예루살렘은 어둠에 덮
여 있다. 나라를 빼앗기고 방치된 지 수십 년, 어디부터 손을 대야 할지 알 수 없
는 폐허더미였다. 지독한 가난과 궁핍, 슬픔과 조롱이 넘치고 있었다.
그런데 놀라운 소식이 전해진다. 어둠에 잠긴 예루살렘을 향하여 이제는 일어나
서 빛을 비추라고, 어둠이 땅을 덮으며 짙은 어둠이 민족들을 덮을 것이지만 오
직 예루살렘 위에는 주님께서 아침 해처럼 떠오르시며 그의 영광이 나타날 것이
라고, 이방 나라들이 그 빛을 보고 찾아오고 뭇 왕이 떠오르는 광명을 보고 예루
살렘으로 올 것이라 한다.

뿐만이 아니다. 사방으로 흩어져 생사조차 알 수 없었던 아들들이 먼 곳으로부터
오며 딸들이 팔에 안겨서 올 것이다. 죽은 줄 알았던 자식들이 돌아오자 그들을
보는 얼굴에는 기쁨이 넘치고, 흥분한 너의 가슴은 설레고, 기쁨에 벅찬 가슴은
터질 듯할 것이다. 다시는 예루살렘에서 폭행과 황폐와 파괴 소문이 들려오지 않
을 것이어서, 성벽을 '구원'이라 부르고 성문을 '찬송'이라 부르게 될 것이다. 해
는 더 이상 낮을 밝히는 빛이 아니며, 달도 더 이상 밤을 밝히는 빛이 아닐 것은,
주님께서 영원한 빛이 되시고 하나님께서 영광이 되실 것이기 때문이다.

도무지 믿어지지 않는 이 일이 가능한 것은 한 가지 이유 때문이다. 하나님이 친

히 당신의 백성들에게 오셔서 그들을 회복하시기 때문이다. 하나님이 오시면 신분이 보장되지 않아 불안하게 살던 이들이 시민권을 얻고, 정처 없이 떠돌이로 살던 이들은 주님께서 손수 심으신 나무가 된다. 천덕꾸러기였던 이들이 주님의 영광을 나타내라고 만든 주님의 작품이 된다. 쓸모없어 버려진 것들이 작품이 되는, 부디 주님께서 이 땅을 외면하지 마시기를.

4. 두레박(질문: 말씀을 읽고서 떠오르는 질문)

*떠돌이와 주님께서 손수 심으신 나무는 얼마나 다른 것일까?
*천덕꾸러기가 주님의 작품이 되는, 그것이 구원의 의미 아닐까?

5. 손우물(한 줄 기도: 짧을수록 마음을 담아)

온갖 쓸모없는 것들을 주님의 작품으로 만드소서.

6. 나비물(말씀의 실천: 생활 속에서 작은 것부터 실천하기)

인생의 해가 지도록 노여움을 품지 말기(에베소서 4:25-5:2)

7. 하늘바라기(오늘의 중보기도: 내 기도를 필요로 하는 이들을 기억하며)

분노로 가득한 돌같이 굳은 마음을 없애고, 살같이 부드러운 마음을 주소서.(에스겔 11:14-25)

8. 도래샘(삶 돌아보기: 여유 있는 마음으로 내 삶을 바라보기)

부끄러움을 품고

1. 오늘의 성서일과

시편 141
에스겔 39:21-40:4
고린도전서 10:23-11:1

시편 76
이사야 66:1-13

2. 꽃물(말씀 새기기: 오늘의 말씀 중 가장 의미 있게 다가온 말씀)

이스라엘이 고국 땅으로 돌아와서 평안히 살고, 그들을 위협하는 사람이 없게 될 때에, 그들은 수치스러웠던 일들과 나를 배반한 모든 행위를 부끄러워하며 뉘우칠 것이다.(에스겔 39:26)

3. 마중물(말씀 묵상: 말씀을 묵상한 내용)

한 어머니가 있었다. 일찍 남편을 여읜 그는 하나밖에 없는 아들을 엄하게 키웠다. 혹시라도 '애비 없는 자식' 소리를 들을까 걱정이 되었던 것이다. 조금만 잘 못해도 회초리로 종아리를 아프게 때렸다. 세월이 흘러 어머니도 늙었고, 아들도 다 컸다. 아무리 커도 어머니 눈에 자식은 늘 어린 자식, 아들이 뭔가 잘못을 했다 싶자, 어머니는 아들에게 종아리를 걷으라 했다. 어렸을 적 그랬듯이 다 큰 아들의 종아리를 때리는데, 뚝 뚝 아들이 눈물을 흘리는 것이 아닌가? 어머니가 아들에게 물었다. "어렸을 때는 종아리에서 피가 나도록 맞아도 눈물 한 방울을 모르더니, 다 큰 녀석이 눈물을 흘리느냐?" 그러자 아들이 대답을 한다. "어릴 적 어머니가 때리면 눈물이 날 만큼 아팠지만, 꾹 참았습니다. 눈물을 보이면 어머니 마음이 더 아프실 것 같아서 그랬지요. 그런데 이제는 어머니가 회초리로 때려도 아픈 줄을 모르겠습니다. 우리 어머니가 늙어서 그런 거라 생각하니, 눈물이 납니다."

마침내 하나님이 이스라엘을 모든 민족이 보는 앞에서 회복하신다. 그렇게 하는 것은 두 가지 이유 때문이다. 하나는 모든 민족을 위해서다. 나라를 빼앗기고 포로로 끌려가 조롱과 멸시를 당하고 있는 이스라엘을 회복하면 비로소 여러 민족은 이스라엘 족속이 죄를 지었기 때문에 포로로 끌려갔다는 것, 하나님이 원수의 손에 넘겨주어 칼에 쓰러지게 했다는 것을 알게 된다. 하나님이 약해서가 아니고, 당신의 백성들을 바로잡기 위해 벌주신 것임을 알게 되는 것이다.

다른 하나는 이스라엘 백성들을 위해서다. 자기들이 왜 고난을 겪었는지를 알게 된다. 하나님이 벌한 시간이었고 하나님이 외면한 시간이었다는 것을 알게 된다. 고국 땅으로 돌아와 평안히 살 때, 그것을 행운처럼 여기지 않고 하나님이 회복하신 것이라는 것을 기억하며 수치스러웠던 일들과 하나님을 배반한 모든 행위를 부끄러워하며 뉘우치게 된다. 구원을 받았다는 확신으로 염치를 잃어버린다면, 그 구원이 온전한 구원일까 싶다.

4. 두레박(질문: 말씀을 읽고서 떠오르는 질문)

＊고난 속에 하나님의 뜻이 담겨 있음을 어떻게 발견할 수 있을까?

＊우리가 누리는 구원의 은총에 부끄러움이 빠지면, 온전한 구원일 수 있을까?

5. 손우물(한 줄 기도: 짧을수록 마음을 담아)

우리의 힘으로 구원 얻은 것이 아님을 잊지 않게 해주소서.

6. 나비물(말씀의 실천: 생활 속에서 작은 것부터 실천하기)

내 유익보다 다른 사람의 유익을 추구하기(고린도전서 10:23-11:1)

7. 하늘바라기(오늘의 중보기도: 내 기도를 필요로 하는 이들을 기억하며)

이 땅의 그리스도인들이 겸손한 사람, 회개하는 사람, 하나님을 경외하고 복종하는 사람, 하나님이 좋아하는 사람으로 살게 하소서.(이사야 66:1-13)

8. 도래샘(삶 돌아보기: 여유 있는 마음으로 내 삶을 바라보기)

식은 사랑

1. 오늘의 성서일과

시편 141
에스겔 43:1-12
마태복음 23:37-24:14

시편 76
이사야 66:14-24

2. 꽃물(말씀 새기기: 오늘의 말씀 중 가장 의미 있게 다가온 말씀)

그리고 불법이 성하여, 많은 사람의 사랑이 식을 것이다. 그러나 끝까지 견디는
사람은 구원을 얻을 것이다.(마태복음 24:12-13)

3. 마중물(말씀 묵상: 말씀을 묵상한 내용)

예수의 반응이 궁금했던 것일까, 성전을 떠날 때에 제자 가운데 한 사람이 예수
께 말하였다. "선생님, 보십시오! 얼마나 굉장한 돌입니까! 얼마나 굉장한 건물
들입니까!" 그러자 예수가 그에게 말씀하셨다. "너는 이 큰 건물들을 보고 있느
냐? 여기에 돌 하나도 돌 위에 남지 않고 다 무너질 것이다."(마가복음 13:1-2)
예수가 올리브 산에 앉아 계실 때 제자들이 따로 그에게 다가와서 말했다. "이런
일들이 언제 일어나겠습니까? 선생님께서 다시 오시는 때와 세상 끝 날에는 어
떤 징조가 있겠습니까? 우리에게 말씀해 주십시오."
뭐라 답하실지 예수의 대답이 궁금하다. "누구에게도 속지 않도록 조심하여라.
많은 사람이 내 이름으로 와서 말하기를 '내가 그리스도이다.' 하면서, 많은 사람
을 속일 것이다.""전쟁이 일어난 소식과 전쟁이 일어나리라는 소문, 민족이 민
족을 거슬러 일어나고 나라가 나라를 거슬러 일어날 것이며, 여기저기서 기근과
지진이 있을 것이지만, 그것은 진통의 시작일 뿐이다."
마지막 때가 언제인지를 굳이 말씀하지 않은 예수지만, 마지막 날의 징조에 대해
서는 여러 가지를 말씀하신다. 그 중의 하나, 크게 마음에 걸리는 것이 있다. '불
법이 성하여 많은 사람의 사랑이 식을 것이다.'라는 말씀이다.

불법이 성하고 사랑이 식을 것, 오늘 우리들이 사는 세상이 그렇지 아니한가. 꼭
그러하다. 불법이 판을 친다. 권력을 가진 자들이 권력 뒤에서 온갖 불법을 자행

하면서도 오히려 떵떵거린다. 부끄러운 줄을 모른다. 내남없이 우리의 마음속에서 사랑이 식어버렸다. 차가운 마음, 판단하고 비판하고 정죄하는 마음이 들어차 있다. 영락없이 예수가 말씀하신 그 시간 속에서 살고 있다. 그러나 끝까지 견디는 사람은 구원을 얻을 것이라 했는데, 끝까지 견딘다는 것은 무엇일까? 과연 견딜 수 있을까?

4. 두레박(질문: 말씀을 읽고서 떠오르는 질문)

*우리 주변에서 보게 되는 마지막 날의 징조에는 어떤 것이 있을까?
*식은 사랑을 되살릴 수 있는 길은 무엇일까?

5. 손우물(한 줄 기도: 짧을수록 마음을 담아)

식은 사랑을 다시 되살릴 수 있는 길을 가르쳐 주십시오.

6. 나비물(말씀의 실천: 생활 속에서 작은 것부터 실천하기)

내 입술 언저리에 파수꾼을 세우기(시편 141)

7. 하늘바라기(오늘의 중보기도: 내 기도를 필요로 하는 이들을 기억하며)

언어가 다른 모든 민족을 모으셔서 주님을 찬양하게 하소서.(이사야 66:14-24)

8. 도래샘(삶 돌아보기: 여유 있는 마음으로 내 삶을 바라보기)

가장 큰 유혹

1. 오늘의 성서일과

시편 46
역대하 18:12-22
히브리서 9:23-28

누가복음 1:68-79
예레미야 21:1-14

2. 꽃물(말씀 새기기: 오늘의 말씀 중 가장 의미 있게 다가온 말씀)

그 때에 그들이 와서 이렇게 말하였다. "제발 우리가 멸망하지 않도록 주님께 간절히 기도하여 주십시오. 바빌로니아 왕 느부갓네살이 우리를 포위하여 공격하고 있습니다. 행여 주님께서, 예전에 많은 기적을 베푸신 것처럼, 우리에게도 기적을 베풀어 주시면, 느부갓네살이 우리에게서 물러갈 것입니다." (예레미야 21:2)

3. 마중물(말씀 묵상: 말씀을 묵상한 내용)

몇 해 전, 감신대 입학동기들이 여행을 다녀왔다. 좀체 없던 시간이었던 터라 여행에는 우리에게 구약을 가르쳐주신 교수님 내외분을 모셨다. 그날 밤, 우리는 둘러앉아 이야기를 나눴다. 모처럼 교수님과 함께 하는 시간, 궁금한 것을 여쭙고 대답을 듣는 시간이었다. 사회를 맡은 탓에 나는 맨 마지막으로 질문을 드렸다. 지금까지 살아오며 가장 이기기 힘든 유혹이 무엇이었는지를 여쭸다.

유머가 많으신 선생님은 한 바탕 웃음을 선사하신 뒤 대답을 들려주셨다. "평생 말씀을 붙잡고 씨름을 했고, 말씀을 전하며 살아왔는데, 늘 이기기 힘든 유혹이 있었어요. 내가 하나님의 말씀을 전하는 것인지, 사람들이 원하는 말을 하는 것인지, 그것이 지금도 어려워요." 그러면서 보태신 말씀이 내겐 적잖은 충격으로 다가왔다. "지금까지 하나님 말씀을 전하러 갔다가 쫓겨난 적이 겨우 서너 번 밖에는 없어요." 그런 경험이 우리에게 있었는지를 웃으며 물었지만, 교수님 말씀은 우리들의 마음을 흔들기에 충분했다.

나라가 풍전등화의 위기에 빠졌을 때, 시드기야 왕은 스바냐 제사장을 예레미야에게 보냈다. 스바냐 제사장은 사정하듯이 예레미야에게 기도를 청한다. 위로와 희망을 얻고 싶었던 것이었다. 얼마나 절박한 상황인지를 예레미야도 모르지 않았다. 하지만 예레미야는 단호하게 주님이 주신 말씀을 전한다. "나는 복을 내리려고 해서가 아니라, 재앙을 내리려고 이 도성을 마주 보고 있는 것이다. 이 도성은 바빌로니아 왕의 손에 들어갈 것이고, 그는 이 도성을 불질러 버릴 것이다. 나 주의 말이다."

무슨 일이 있어도 하나님이 맡긴 말씀을 전하는 사람, 그가 말씀의 사람이다. 눈치를 보며 귀에 단 소리를 전하는 것은, 말씀을 전하는 자가 이겨내야 할 평생의 유혹인 것이었다.

4. 두레박(질문: 말씀을 읽고서 떠오르는 질문)
*하나님의 말씀을 전함으로 사람들과 갈등을 빚은 경험이 언제 있었는가?
*사람들이 듣기 원하는 말과 하나님의 말씀 사이의 조화는 어떻게 가능할까?

5. 손우물(한 줄 기도: 짧을수록 마음을 담아)
사람들의 요구보다는 주님의 말씀에 더 민감하게 하소서.

6. 나비물(말씀의 실천: 생활 속에서 작은 것부터 실천하기)
주님의 길을 예비하는 자로 살기(누가복음 1:68-79)

7. 하늘바라기(오늘의 중보기도: 내 기도를 필요로 하는 이들을 기억하며)
한국교회 강단을 지키셔서, 주님의 말씀만 선포되게 하소서.(역대하 18:12-22)

8. 도래샘(삶 돌아보기: 여유 있는 마음으로 내 삶을 바라보기)

꺾인 두 개의 지팡이

1. 오늘의 성서일과   시편 46   누가복음 1:68-79
스가랴 11:1-17   예레미야 22:1-17
베드로전서 1:3-9

2. 꽃물(말씀 새기기: 오늘의 말씀 중 가장 의미 있게 다가온 말씀)

나는 잡혀 죽을 양 떼를 돌보았다. 특별히 떼 가운데서도 억압을 당하고 있는 양
떼를 돌보았다. 나는 지팡이 두 개를 가져다가, 하나는 '은총'이라고 이름을 짓고,
다른 하나는 '연합'이라고 이름을 지었다. 나는 양 떼를 돌보기 시작하였다.(스가
랴 11:7)

3. 마중물(말씀 묵상: 말씀을 묵상한 내용)

하나님이 못마땅해 하고, 못 견뎌 하시는 것 중에는 백성들을 돌보지 않는 지도
자들이 있다. 그 자리에 세워준 것은 백성들을 잘 보살피라는 뜻, 그런데 백성들
을 돌보기는커녕 억압이나 하고 있으니 모른 척을 할 수가 없다. 양 떼는 하나님
께 속한 하나님이 소유물인데도 권세를 잡은 자들이 함부로 대한다. 마치 자기
소유물인 것처럼 잔인하게 착취하고 도살할 짐승처럼 다룬다. 양들을 사다가 잡
고, 양들을 팔아넘긴 자도 '주님을 찬양하세, 내가 부자가 되었네!' 하고 좋아할
뿐이다.

그런 상황 속에서 예언자는 도살당할 양들을 보살피라는 하나님의 명령을 받는
다. 예언자는 하나님의 뜻을 따라 잡혀 죽을 양 떼를 돌보기 시작한다. 맡은 일을
시작하면서 예언자는 '은총'이라는 지팡이와 '연합'이라는 지팡이 두 개를 만든
다. 은총과 연합의 지팡이는 하나님의 백성을 돌보실 때 백성들을 향해 갖는 하
나님의 마음일 것이다.

예언자는 하나님의 은총으로 양 떼를 먹였지만, 목자들뿐만 아니라 양 떼들도 예
언자를 배척한다. 결국 예언자는 '은총'이라고 부르는 지팡이를 가져다가 둘로
꺾어서, 하나님이 모든 민족과 맺은 언약을 취소되게 한다. 둘째 지팡이 곧 '연
합'이라고 부르는 지팡이를 꺾어서, 유다와 이스라엘 사이에 형제의 의리가 없어

지게 하였다. 그런 뒤 하나님은 이번에는 쓸모없는 목자로 분장하고 그 구실을 하라고, 예언자에게 다시 한 번 말씀하신다. 양을 잃어버리고도 안타까워하지 않으며, 길 잃은 양을 찾지도 않으며, 상처받은 양을 고쳐 주지도 않으며, 튼튼한 양을 먹이지 않아서 야위게 하며, 살진 양을 골라서 살을 발라 먹고, 발굽까지 갉아 먹을 목자의 출현을 알리라는 것이었다.

'은총'과 '연합'의 지팡이가 언제 부러졌는지도 모른 채, 오늘 이 땅의 목자들은 양 떼들을 어떻게 대하고 있는 것일까?

4. 두레박(질문: 말씀을 읽고서 떠오르는 질문)

*은총과 연합이라는 두 지팡이를 부러뜨린 것에는 어떤 의미가 담긴 것일까?

*오늘 이 땅의 목자들은 하나님의 양 떼를 어떻게 돌보고 있는 것일까?

5. 손우물(한 줄 기도: 짧을수록 마음을 담아)

주님이 맡겨주신 양들을 은총과 연합으로 돌보게 해주십시오.

6. 나비물(말씀의 실천: 생활 속에서 작은 것부터 실천하기)

살아 있는 소망 갖기(베드로전서 1:3-9)

7. 하늘바라기(오늘의 중보기도: 내 기도를 필요로 하는 이들을 기억하며)

나라의 지도자들이 하나님을 아는 일, 가난한 사람과 억압받는 사람의 사정을 헤아려서 처리해 주는 일에 최선을 다하게 하소서(예레미야 22:1-17)

8. 도래샘(삶 돌아보기: 여유 있는 마음으로 내 삶을 바라보기)

아무도 슬퍼하지 않는 죽음

1. 오늘의 성서일과　시편 46　　　　　　　　누가복음 1:68-79
　　　　　　　　　　　예레미야 22:18-30
　　　　　　　　　　　누가복음 18:15-17

2. 꽃물(말씀 새기기: 오늘의 말씀 중 가장 의미 있게 다가온 말씀)

그러므로 주님께서 유다 왕 요시야의 아들 여호야김을 두고 이렇게 말씀하신다. "아무도 여호야김의 죽음을 애도하지 않을 것이다. 남자들도 '슬프다!' 하지 않고 여자들도 '애석하다!' 하지 않을 것이다. '슬픕니다, 임금님! 슬픕니다, 폐하!' 하며 애곡할 사람도 없을 것이다. 사람들은 그를 끌어다가 예루살렘 성문 밖으로 멀리 내던지고, 마치 나귀처럼 묻어 버릴 것이다."(예레미야 22:18-19)

3. 마중물(말씀 묵상: 말씀을 묵상한 내용)

누군가의 진짜 모습은 그의 뒷모습이다. 그가 있는 자리에서 그에 대해 말하는 것보다는, 그가 없을 때 그에 대해 이야기를 하는 것이 그의 진면목에 가깝다. 함께 있을 때는 좋은 말을 했지만, 그가 없을 때 비난을 받는다면 훌륭하다 말하기 어렵다. 그런 점에서 누군가의 진짜 모습은 마주한 모습이 아니라 뒷모습일 수 있다. '정승집 개 죽은 데는 가도 정승 죽은 덴 안 간다'는 속담이 괜히 생긴 것이 아니다. 어디 정승과 정승집 개를 비교할까만, 개가 죽었는데 문상을 가는 것은 정승에게 잘 보이기 위함이고, 정승이 죽었을 때 문상을 가지 않는 것은 정승이 죽어 잘 보일 필요가 없어졌기 때문이다.

유다 왕 여호야김을 두고 주님이 하시는 말씀이 뜻밖이다. 아무도 여호야김의 죽음을 애도하지 않을 것이라고, 남자들도 여자들도 '슬프다!' '애석하다!' 하지 않을 것이고, '슬픕니다, 임금님! 슬픕니다, 폐하!' 하며 애곡할 사람도 없을 것이라한다. 오히려 사람들이 그를 끌어다가 예루살렘 성문 밖으로 멀리 내던지고, 마치 나귀처럼 묻어 버릴 것이라 한다. 왕의 죽음이라 하기에는 너무도 초라하고 비참하다.

왜 그런 것일까? 이유가 있다. 여호야김의 삶 때문이었다. 불의로 궁전을 짓고, 불법으로 누각을 쌓으며, 동족을 고용하고도 품삯을 주지 않았다. 자신이 살 집을 넓게 짓고 누각을 크게 만들고 백향목 판자로 그 집을 단장하는 등 그의 눈과 마음은 불의한 이익을 탐하는 것과 무죄한 사람의 피를 흘리게 하는 것과 백성을 억압하고 착취하는 것에만 쏠려 있었다.

여호여김 왕의 생활은 화려했을지 모르지만, 하나님의 그의 죽음을 초라하게 만드신다. 살아 있을 때가 중요하지 죽은 다음이 무엇 중요하냐고 한다면, 할 말이 없지만.

4. 두레박(질문: 말씀을 읽고서 떠오르는 질문)

*아무도 슬퍼하지 않는 죽음만큼 초라한 죽음이 있을까?

*복된 죽음이란 어떤 죽음일까?

5. 손우물(한 줄 기도: 짧을수록 마음을 담아)

삶이 그러하듯 죽음 또한 의미 있게 하소서.

6. 나비물(말씀의 실천: 생활 속에서 작은 것부터 실천하기)

손을 멈추고, 하나님을 하나님인 줄 알기.(시편 46)

7. 하늘바라기(오늘의 중보기도: 내 기도를 필요로 하는 이들을 기억하며)

다음 세대를 사랑으로 끌어안게 하소서.(누가복음 18:15-17)

8. 도래샘(삶 돌아보기: 여유 있는 마음으로 내 삶을 바라보기)

참다운 목자

1. 오늘의 성서일과
예레미야 23:1-6,
시편 46
골로새서 1:11-20

누가복음 23:33-43
누가복음 1:68-79

2. 꽃물(말씀 새기기: 오늘의 말씀 중 가장 의미 있게 다가온 말씀)

내가 그들을 돌보아 줄 참다운 목자들을 세워 줄 것이니, 그들이 다시는 두려워
하거나 무서워 떠는 일이 없을 것이며, 하나도 잃어버리는 일이 없을 것이다. 나
주의 말이다.(예레미야 23:4)

3. 마중물(말씀 묵상: 말씀을 묵상한 내용)

목자라고 다 같은 목자가 아니다. 목자 중에는 악한 목자와 참다운 목자가 있다.
악한 목자는 주님 목장의 양 떼를 죽이고 흩어 버린 목자들이다. 그들은 주님의
양 떼를 흩어서 몰아내고, 양들을 돌보아 주지 아니하였다. 주님은 악한 목자들
을 심판한다. 너희의 악한 행실을 벌하겠다며 저주를 받으라고 선언한다.
주님은 더 이상 주님의 양을 악한 목자에게 맡기지 않는다. 그럴 수가 없다. 하나
님이 친히 양 떼 가운데서 남은 양들을 모으겠다고 하신다. 잘못을 바로잡기 위
해 쫓아냈던 모든 나라에서 양들을 모아 다시 그들이 살던 목장으로 데려오겠다
고, 그러면 그들이 번성하여 수가 많아질 것이라고 하신다.
양들이 많아지면 다시 목자가 필요할 터, 이번에는 참다운 목자를 세우신다. 과
연 참다운 목자는 어떤 목자일까? 참다운 목자는 양들을 사랑으로 돌본다. 참다
운 목자의 돌봄을 받는 양들은 다시는 두려워하거나 무서워 떠는 일이 없게 된
다. 무엇보다도 양을 잃어버리는 일이 하나도 없게 된다. 그것을 아는 양들은 목
자의 인도함 안에서 참된 평안을 누린다.

하나님의 약속은 거기서 끝나지 않는다. 다윗에게서 의로운 가지가 하나 돋아나
게 할 날이 오고 있다고, 그는 왕이 되어 슬기롭게 통치하면서 세상에 공평과 정
의를 실현할 것이라 하신다. 교회는 이 약속이 예수 그리스도에게서 이루어졌다

고 생각했다. 누구보다도 예수께서 친히 '나는 선한 목자라'고 했다.(요 10:11) 선한 목자는 양들을 위하여 목숨을 버린다. 삯꾼은 목자가 아니요 양들도 자기의 것이 아니므로, 이리가 오는 것을 보면 양들을 버리고 달아난다. 그러면 이리가 양들을 물어가고 양떼를 흩어 버린다.

부디 이 땅 주님의 양 떼를 돌보는 목자들이 선한 목자 되신 주님을 따라 참다운 목자가 될 수 있기를.

4. 두레박(질문: 말씀을 읽고서 떠오르는 질문)

*악한 목자를 따르는 양들에게도 문제가 있는 것 아닐까?

*자기를 위하여 목숨을 버릴 참다운 목자를 알아보는 것이 중요하지 않을까?

5. 손우물(한 줄 기도: 짧을수록 마음을 담아)

주님을 닮아 참다운 목자의 길을 가게 하소서.

6. 나비물(말씀의 실천: 생활 속에서 작은 것부터 실천하기)

주님이 교회의 머리임을 잊지 않기.(골로새서 1:11-20)

7. 하늘바라기(오늘의 중보기도: 내 기도를 필요로 하는 이들을 기억하며)

어느 누구도 마지막 순간까지 구원의 기회를 차버리는 일이 없게 해주십시오.(누가복음 23:33-43)

8. 도래샘(삶 돌아보기: 여유 있는 마음으로 내 삶을 바라보기)

보이지 않는 것들

1. 오늘의 성서일과

시편 24
예레미야 46:18-28
요한계시록 21:5-27

시편 117
예레미야 30:1-17

2. 꽃물(말씀 새기기: 오늘의 말씀 중 가장 의미 있게 다가온 말씀)

나는 그 안에서 성전을 볼 수 없었습니다. 그것은 전능하신 주 하나님과 어린 양이 그 도성의 성전이시기 때문입니다. 그 도성에는, 해나 달이 빛을 비출 필요가 없습니다. 그것은, 하나님의 영광이 그 도성을 밝혀 주며, 어린 양이 그 도성의 등불이시기 때문입니다.(요한계시록 21:22-23)

3. 마중물(말씀 묵상: 말씀을 묵상한 내용)

요한계시록을 읽으면 대서사시를 읽는 것 같다. 고난과 핍박 속에서도 의연하게 믿음을 지키고, 눈을 들어 새로운 하늘을 바라보며 손을 내밀어 고난당하는 이들을 붙잡아주는 불타는 심장이 느껴진다. 믿음의 안테나를 곤추 세워 유배지 밧모섬을 영적 기지로 만들고 있으니, 그 믿음을 흔들 수 있는 것이 세상에는 없지 싶다. 자신들의 생명을 쥐락펴락할 수 있는 것이 당대를 호령하는 로마가 아니라 주님께 달려있음을 끝까지 신뢰하며 인정하는 것은 비장하기까지 하다. 현실과 믿음을 바꾸지 않는 모습 속엔 이미 순교자의 결기가 넘쳐흐른다. 굴종의 무릎을 꿇고 목숨을 구걸하는 대신 승리의 찬가를 부르며 행진하는 걸음은 이미 개선장군의 행렬과 다를 것이 없다. 읽는 내내 하늘과 땅을 울리는 천둥과 나팔소리가 들리는 것 같다.

믿음의 승리가 가장 잘 나타난 것이 계시록의 결론부분인 새 예루살렘에 관한 내용일 것이다. 요한은 새 하늘과 새 땅을 본다. 이전의 하늘과 땅과 바다가 없어진 뒤였다. 그 때 거룩한 도성 새 예루살렘이 하나님께로부터 하늘에서 내려오는 것을 본다. 요한은 자신이 알고 있는 모든 언어를 동원하여 자신이 본 새 하늘과 새 땅에 대하여, 하나님께로부터 하늘에서 내려오는 새 예루살렘에 대하여 기록

한다. 언어와 표현의 한계를 뼈저리게 느꼈을 요한을 두고, 그가 사용한 단어 하나하나를 검증하려는 것은 얼마나 어리석은 일일까?

가장 귀한 것으로 가득한 새 예루살렘에서 볼 수 없는 것이 두 가지가 있다. 성전과 해와 달이다. 주님이 계시는 곳이 곧 성전이라는 것과 주님이 계시는 곳에 어둠이 없다는 것을 보여준다. 없는 것은 있는 것의 의미를 돌아보게 한다. 주님이 계시는 곳이 곧 성전이요, 주님이 계시는 곳이 곧 빛이다.

4. 두레박 (질문: 말씀을 읽고서 떠오르는 질문)

*새 예루살렘에 관한 요한의 표현을 어떻게 이해해야 좋을까?

*새 루살렘이 성전으로 가득한 것이 아니라 없었다는 것이, 교회에 주는 의미는 무엇일까?

5. 손우물 (한 줄 기도: 짧을수록 마음을 담아)

주님 계신 그곳을 나의 성전 삼게 하소서.

6. 나비물 (말씀의 실천: 생활 속에서 작은 것부터 실천하기)

가장 짧은 문장으로 주님을 노래하기. (시편 117)

7. 하늘바라기 (오늘의 중보기도: 내 기도를 필요로 하는 이들을 기억하며)

신음하는 이 땅, 우리를 고치고 우리의 상처를 치료하실 분이 주님임을 알게 하소서. (예레미야 30:1-17)

8. 도래샘 (삶 돌아보기: 여유 있는 마음으로 내 삶을 바라보기)

마라나타

1. 오늘의 성서일과
시편 24
이사야 33:17-22
요한계시록 22:8-21

시편 117
예레미야 30:18-24

2. 꽃물(말씀 새기기: 오늘의 말씀 중 가장 의미 있게 다가온 말씀)

이 모든 계시를 증언하시는 분이 이렇게 말씀하셨습니다. "그렇다. 내가 곧 가겠다." 아멘. 오십시오, 주 예수님!(요한계시록 22:20)

3. 마중물(말씀 묵상: 말씀을 묵상한 내용)

신학교 1학년 시절이었다. 신학교 1학년 시절은 무엇보다도 혼란의 시기였다. 우리가 믿어왔던 하나님과 교수님들이 강의실에서 말하는 하나님 사이의 간격을 메우기가 어려웠다. 일부러 우리를 신학이라는 나무 위에 올려놓고, 마구 나무를 흔들어대는 것 같았다. 그러면서도 이슬에 옷 젖듯 조금씩 말씀의 깊이와 넓이를 배워나가는 즐거움이 쏠쏠했다.

우리가 배웠던 과목 중에는 신약학이 있었다. 돌아가신 김철손 교수님이 강의를 하셨는데, 성경의 고대 사본 중의 하나처럼 보이는 강의록은 경이의 대상이었다. 노신학자만이 가질 수 있는 연륜처럼 느껴졌다. 시험을 볼 때였는데, 문제 중에 '마라나타'의 뜻을 쓰라는 것이 있었다. 그 문제를 지금까지 기억하는 것은, 나중에 교수님이 소개한 특별한 대답 때문이다. 어떤 친구가 '인도 고승의 이름'이라고 답을 적었다고 했다. 원래 신학교엔 괴짜들이 많지만 그런 생각을 했다니, 자유로운 상상력에 박수를 보냈던 기억이 새롭다.

고린도전서 16장 22절에도 쓰인 '마라나타'는 아람어를 헬라어로 음역한 것으로 여겨진다. '주님께서 오십니다' '주여, 오시옵소서'라는 뜻으로, 주 예수의 다시 오심을 간절히 사모하는 초대교회 성도들의 신앙과 소망이 함축된 기도문이자, 서로 간에 통용되던 신앙적 인사말이었다.

요한은 계시록을 마치며 그 기도를 드린다. 박해의 핍박의 상황 속에서 그 기도 만큼 절실하고 절박한 기도도 드물었을 것이다. 덕분에 우리는 성경읽기를 마치 며 같은 기도문을 만나게 되고, 같은 기도를 드리게 된다. "마라나타, 주여 오시 옵소서."라는 기도를.

4. 두레박(질문: 말씀을 읽고서 떠오르는 질문)

* '마라나타'라는 기도는 가장 낮은 곳에서 무릎을 꿇고 드려야 하는 기도가 아닐 까?

* 내가 세상을 떠날 때 마지막으로 드릴 기도가 있다면 어떤 기도일까?

5. 손우물(한 줄 기도: 짧을수록 마음을 담아)

이 세상 떠날 때 내가 하는 마지막 말이 기도가 되게 하소서.

6. 나비물(말씀의 실천: 생활 속에서 작은 것부터 실천하기)

낙심 중에서도 찬란한 미래를 바라보기.(이사야 33:17-22)

7. 하늘바라기(오늘의 중보기도: 내 기도를 필요로 하는 이들을 기억하며)

습관처럼 예배당만 찾지 않게 하시고, 주님의 산에 오를 사람으로, 그 거룩한 곳 에 들어설 수 있는 사람으로 살게 하소서.(시편 24).

8. 도래샘(삶 돌아보기: 여유 있는 마음으로 내 삶을 바라보기)

하나님께 불가능한 것

1. 오늘의 성서일과   시편 24   시편 117
                            이사야 60:8-16   예레미야 31:1-6
                            누가복음 1:1-4

2. 꽃물(말씀 새기기: 오늘의 말씀 중 가장 의미 있게 다가온 말씀)

내가 너로 다시 사마리아 산마다 포도원을 만들 수 있게 하겠다. 포도를 심은 사람이 그 열매를 따 먹게 하겠다.(예레미야 31:5)

3. 마중물(말씀 묵상: 말씀을 묵상한 내용)

우리나라 역사를 제대로 모르면서 성경의 역사를 알려고 하는 것은 뭔가 쑥스럽다. 그래도 지금의 관심사가 성경이라면 알아야 할 것을 제대로 알아야 할 것, 자료를 뒤적이게 된다. 언제 시간이 주어져 우리 역사 속에서도 하나님의 숨결과 손길을 발견할 수 있는 시간이 주어지면 좋겠다.

예레미야는 남유다가 바벨론에 의해 멸망을 당하는 상황에서 예언자로 활동을 했다. 그런데 예레미야의 예언에 뜻밖의 내용이 포함된다. "나 주의 말이다. 때가 오면, 나는 이스라엘 모든 지파의 하나님이 되고, 그들은 나의 백성이 될 것이다."(예레미야 31:1) 하나님이 이스라엘 모든 지파의 하나님이 되시겠다고 한다. 뭔가 잘못 들었나 싶어 눈여겨 말씀을 읽으니 잘못 읽은 것이 아니다. "내가 너로 다시 사마리아 산마다 포도원을 만들 수 있게 하겠다"(5절) "내가 그들을 북녘 땅에서 데리고 오겠으며, 땅의 맨 끝에서 모아 오겠다."(8절)고 하신다.

이쯤에서 다시 확인하게 되는 이스라엘 역사, 북이스라엘이 앗수르에 멸망을 당한 것이 BC 722년이다. 남유다가 바벨론에 멸망을 당한 것은 BC 586년이다. 지금 예레미야가 예언자로 활동하고 있는 시기를 기준으로 삼는다면 북이스라엘은 130여 년 전에 멸망을 당했다. 130여 년 전에 이스라엘은 역사 속에서 사라졌다. 그만한 세월이라면 사람들의 기억 속에서도 지워졌을 것이다.

그런데도 하나님은 그들을 기억하고 있고, 그들을 땅끝에서부터 불러올 생각을 가지고 있다. 하나님은 그들이 오는 길이 평탄하지 않을 것도 알고 계시다. "그들 가운데는 눈 먼 사람과 다리를 저는 사람도 있고, 임신한 여인과 해산한 여인도 있을 것이다."(8절)

하나님께 불가능한 일이 하나 있다. 사랑하는 당신의 백성을 잊지 못하시는 것이다. 인간은 하나님을 잊을 수 있어도, 하나님은 인간을 잊지 못하신다.

4. 두레박(질문: 말씀을 읽고서 떠오르는 질문)
＊하나님의 잊지 못하심은 하나님 사랑의 또 다른 표현 아닐까?
＊우리는 잊었지만 하나님은 기억하고 있는 사람들을 이제 우리가 찾아가야 하지 않을까?

5. 손우물(한 줄 기도: 짧을수록 마음을 담아)
주님이 기억하는 사람을 저도 기억하게 해주십시오.

6. 나비물(말씀의 실천: 생활 속에서 작은 것부터 실천하기)
누군가에게 주님을 자세하게 이야기하기.(누가복음 1:1-4)

7. 하늘바라기(오늘의 중보기도: 내 기도를 필요로 하는 이들을 기억하며)
전에는 버림을 받고 미움을 받아 옆으로 오는 사람이 없었던 교회가, 이제는 오고오는 세대 사람들에게 기쁨이 되게 하소서.(이사야 60:8-16)

8. 도래샘(삶 돌아보기: 여유 있는 마음으로 내 삶을 바라보기)

하나님의 그리움

1. 오늘의 성서일과
시편 122
다니엘 9:15-19
야고보서 4:1-10

2. 꽃물(말씀 새기기: 오늘의 말씀 중 가장 의미 있게 다가온 말씀)
"하나님께서는 우리 안에 살게 하신 그 영을 질투하실 정도로 그리워하신다."라
는 성경 말씀을 여러분은 헛된 것으로 생각합니까?(야고보서 4:5)

3. 마중물(말씀 묵상: 말씀을 묵상한 내용)
야고보서 4장 5절은 신약성경 중 가장 이해하기 어려운 난해한 구절이다. 인용
구 형태를 띠고 있는데, 어디에서 인용했는지를 알 수가 없다. 이유는 두 가지로
짐작된다. 하나는, 어떤 책을 인용했는데, 그 책이 지금 우리에게 전해지지 않는
경우이다. 다른 하나는, 구약의 어떤 부분을 간략하게 간추려 인용을 했거나 의
역을 했을 가능성이다.

오늘 본문은 뜻밖에도 하나님의 그리움을 말한다. '그리다'라는 말은 '그림을 그
린다.'는 의미도 있고, '자꾸 떠올린다.'는 의미도 있다. 누군가를 그리워하는 것
은 마음속으로 그를 떠올리며 자꾸 그의 모습을 그리는 것이다.
하나님의 그리움과 관련된 말 중에 특이하게 여겨지는 단어가 있다. '질투'라는
단어이다. 질투라는 말이 하나님의 성품과 어울릴까 싶은 생각이 먼저 든다. 너
무 낭만적인 표현 아닌가 싶기도 하다. '질투'라는 말은 '뜨겁게 불타다'라는 뜻
이다. 하나님의 그리움을 말하며 질투라는 말을 사용함으로써 하나님의 그리움
이 단순하거나 사소한 것이 아님을 강조하고 있다.
과연 하나님은 무엇을 질투하실 만큼 그리워하시는 걸까? '우리 안에 살게 하신
영'을 그리워 하신다.
우리 안에 살게 하신 영은 무엇일까? 하나님은 사람을 흙으로 빚으신 뒤 그 코에
생기를 불어넣으셨다.(창세기 2:7) 우리 안에는 하나님의 생기가 있다. 우리가 살아

있다는 것은 우리 안에 하나님의 생기가 있다는 뜻이다. 또한 하나님은 사람을 빚으실 때 하나님의 형상을 따라 지으셨다.(창세기 1:26) 우리 안에는 하나님의 형상이 담겨 있다. 흙으로 빚으시며 남긴 하나님의 지문이 우리의 존재 곳곳에 남아 있다.

하나님은 하나님께서 불어넣으신 하나님의 숨(호흡, 생기)이 우리 안에서 여전히 숨 쉬고 있는지, 우리 안에 남긴 하나님의 형상이 여전히 남아 있는지를 질투할 만큼 그리워 하신다로 읽으면 오독일까?

4. 두레박(질문: 말씀을 읽고서 떠오르는 질문)

*하나님과 질투라는 말은 어떻게 어울릴 수 있을까?

*우리 안에 살게 하신 영에 대한 내 생각은 어떤 것일지?

5. 손우물(한 줄 기도: 짧을수록 마음을 담아)

내 안에 하나님의 호흡이 바람처럼 흐르게 해주십시오.

6. 나비물(말씀의 실천: 생활 속에서 작은 것부터 실천하기)

주님의 전에 평화가 머물게 하기.(시편 122)

7. 하늘바라기(오늘의 중보기도: 내 기도를 필요로 하는 이들을 기억하며)

무너진 주님의 성전을 복구하여 주십시오. 성전을 복구하셔서, 주님만이 하나님이시라는 것을 모두가 알게 해주십시오.(다니엘 9:15-19)

8. 도래샘(삶 돌아보기: 여유 있는 마음으로 내 삶을 바라보기)

어디로 가는지를 알지 못했지만

1. 오늘의 성서일과   시편 122
창세기 6:1-10
히브리서 11:1-7

2. 꽃물(말씀 새기기: 오늘의 말씀 중 가장 의미 있게 다가온 말씀)

믿음으로 아브라함은, 부르심을 받았을 때에 순종하고, 장차 자기 몫으로 받을
땅을 향해 나갔습니다. 그런데 그는 어디로 가는지를 알지 못했지만, 떠난 것입
니다.(히브리서 11:8)

3. 마중물(말씀 묵상: 말씀을 묵상한 내용)

사랑하는 사람과 행복한 사람의 한 가지 공통점이 무엇인지를 방금 알게 되었다.
'사랑하는 사람은 시계를 보지 않는다'라는 말을 검색하니, 알려주는 자료가 없
다. 희미한 기억 말고 정확한 표현이 무엇인지를 찾아보니《행복한 사람은 시계
를 보지 않는다》는 은희경 씨의 소설집 제목이었다. 시간이 언제 어떻게 지나갔
는지를 모르는 것이 사랑하는 사람들과 행복한 사람들의 공통점이다.

사랑하는 사람에게서 발견되는 또 하나의 특징이 있다. 어디로 가느냐고 묻지를
않는 것이다. 어디로 가도 좋은, 함께 할 수 있는 곳이라면 어디라도 괜찮은, 사랑
하는 사람들의 마음은 한결같다. 아직 사랑에 대한 마음을 정하지 못한 연애 시
절이라면 좋고 덜 좋은 곳의 기준이 있겠지만, 사랑을 한다면 다르다. 어디를 가
도 함께 가면 그곳이 좋은 곳이다.

아브라함이 나이 일흔다섯이 되었을 때, 하나님이 아브라함을 복의 근원으로 부
르신다. 복의 근원이 되기 위해서는 고향, 친척, 아비 집을 떠나는 것이 필요했다.
고향이란 익숙해질 대로 익숙해진 모든 것들을, 친척은 하나님보다도 사람을 더
의지하려는 마음을, 아비 집은 선천적으로 물려받은 모든 것들을 나타내는 것으
로 이해할 수 있다.

지도나 약도를 쥐어준 것도 아니다. 아브라함을 책임져 줄 누군가의 연락처를 준

것도 아니다. 하나님이 아브라함에게 이야기한 것은 '내가 네게 지시할 곳으로 가라'는 것이었다. 그런데 아브라함은 어디로 가는지를 알지 못했지만, 떠났다. 바로 거기에 아브라함의 믿음의 핵심이 있다. 어디로 가라고 하는지를 알지 못했지만, 떠나라는 말을 듣고 떠난 아브라함의 믿음, 복의 근원이 되기 위해서는 어떤 믿음이 필요한지를 아브라함은 잘 보여준다. 증명된 것만 따르려는, 이해가 된 것만 따르려는 믿음과는 전혀 다른 믿음이다.

어디로 가느냐고 묻지를 않는, 사랑이란 그런 것이다.

4. 두레박(질문: 말씀을 읽고서 떠오르는 질문)

*어디로 가는지를 모르고 함께 길을 나선 경험이 있는지?

*복의 근원이 되는 사람은 어떤 복을 어떻게 나누게 될까?

5. 손우물(한 줄 기도: 짧을수록 마음을 담아)

묻지 않고 따를 수 있는 믿음을 갖게 해주십시오.

6. 나비물(말씀의 실천: 생활 속에서 작은 것부터 실천하기)

노아처럼 하나님과 동행하는 사람 되기.(창세기 6:1-10)

7. 하늘바라기(오늘의 중보기도: 내 기도를 필요로 하는 이들을 기억하며)

이 땅 하나님이 백성들이 어지러운 세상 속에서도 중심을 잡을 수 있는 사람으로 살아가게 하소서.(창세기 6:1-10)

8. 도래샘(삶 돌아보기: 여유 있는 마음으로 내 삶을 바라보기)

가증스러운 것이 거룩한 곳에 서 있는 것을 보거든

1. 오늘의 성서일과   시편 122
　　　　　　　　　　창세기 6:11-22
　　　　　　　　　　마태복음 24:1-22

2. 꽃물(말씀 새기기: 오늘의 말씀 중 가장 의미 있게 다가온 말씀)

그러므로 너희는 예언자 다니엘이 말한 바, 황폐하게 하는 가증스러운 물건이 거
룩한 곳에 서 있는 것을 보거든, (읽는 사람은 깨달아라) 그 때에 유대에 있는 사람들
은 산으로 도망하여라.(마태복음 24:15-16)

3. 마중물(말씀 묵상: 말씀을 묵상한 내용)

멸망의 가증한 것들이 있다. '미운 물건'(다니엘 12:11)이라고도 한다. '가증한'이라
는 것은 제사와 관련된 말로, 종교의식상 부정해서 금지되어 있거나 제사에 참
석할 수 없게 만드는 모든 것을 말한다. '가증한'은 '정결한'의 반대말이 되는 셈
이다. 온갖 우상과 우상숭배가 여기에 해당이 되는데, 성경은 이를 두고 '여호와
께 미움을 받는 것'이라고 표현하기도 한다.(잠언 3:32, 11:20, 15:8, 16:5, 28:9, 누가복음
16:15)

다니엘이 '작은 뿔'(다니엘 8:9)로 묘사한 안티오쿠스 4세가 그 대표적인 인물이다.
다니엘이 그에 대하여 많은 언급을 하는 이유는 그가 장차 나타날 적그리스도의
모형이기 때문이었다. 안티오쿠스 4세는 하나님 눈에는 비천한 자였지만, '신의
현현'이라는 에피파네스라는 이름을 지어 스스로를 높였다. 유대인들은 하나님
을 모독하는 그를 두고 '미친 자'라고 했다. 다니엘은 그가 거짓을 행하여 올라올
것이요 적은 백성을 거느리고 강하게 될 것이라고 했다.(다니엘 11:23).
안티오쿠스 4세는 이집트와의 전쟁을 마치고 돌아가던 중 예루살렘을 공격하여
성전을 더럽혔다. 8만 여 명의 유대인 남자와 여자, 어린이를 죽이고, 성전을 약
탈했다.(주전 168년). 그는 성전 앞에 있는 큰 번제단 위에 제우스에게 제사 드릴 때
쓸 제단을 세워두게 했다. 이로써 성전 전체가 부정해서 제사를 드릴 수 없게
되었고, 제사장과 유대인들은 쫓겨나고 성전에는 인적이 끊어지게 되고 말았다.

멸망의 가증한 것이 거룩한 곳에 서는 일은 언제나 일어난다. 하지만 마지막 때가 되면 너무도 끔찍한 형태를 취하기 때문에 마지막 신앙인마저도 하나님을 대적하는 세력의 유혹이나 폭력에 굴복을 당할 수가 있다. 특히 거짓 그리스도, 거짓 선지자들이 나타나 온갖 이적과 기사를 행하면 많은 이들이 그 앞에 무릎을 꿇게 될 것이다.

누가 있어 다니엘처럼 가증한 것이 거룩한 곳에 서는 것을 구별할 수 있을지. 가증한 것에 함부로 끼어드는 대신 마지막 피난처 '산'으로 도망을 칠지.

4. 두레박(질문: 말씀을 읽고서 떠오르는 질문)

*멸망의 가증한 것이 거룩한 것 위에 서는 것을 본 적이 있을까?

*맞서 싸우는 대신 산으로 피하라 하신 것은 무슨 이유일까?

5. 손우물(한 줄 기도: 짧을수록 마음을 담아)

시대를 분별할 수 있는 열린 눈을 갖게 해주십시오.

6. 나비물(말씀의 실천: 생활 속에서 작은 것부터 실천하기)

이해하기 힘들어도 하나님의 뜻 따르기.(창세기 6:11-22)

7. 하늘바라기(오늘의 중보기도: 내 기도를 필요로 하는 이들을 기억하며)

거짓 선지자에게 속는 일이 없게 하소서.(마태복음 24:1-22)

8. 도래샘(삶 돌아보기: 여유 있는 마음으로 내 삶을 바라보기)

칼과 창을 거두어서

1. 오늘의 성서일과
이사야 2:1-5
시편 122
로마서 13:11-14

마태복음 24:36-44

2. 꽃물(말씀 새기기: 오늘의 말씀 중 가장 의미 있게 다가온 말씀)

주님께서 민족들 사이의 분쟁을 판결하시고, 뭇 백성 사이의 갈등을 해결하실 것이니, 그들이 칼을 쳐서 보습을 만들고 창을 쳐서 낫을 만들 것이며, 나라와 나라가 칼을 들고 서로를 치지 않을 것이며, 다시는 군사훈련도 하지 않을 것이다.(이사야 2:4)

3. 마중물(말씀 묵상: 말씀을 묵상한 내용)

2017년 여름은 유난히 더웠다. 이른 아침부터 야외활동을 삼가라는 폭염주의보가 날아오고는 했다. 어렵게 열하루 시간을 냈고, 고성 명파초등학교에서 시작하여 파주 임진각까지 DMZ를 따라 걷기로 했다. 걷는 기도를 드리기로 한 것이었는데, 내게는 오래 미뤄두고 있던 거룩한 부담이기도 했다. 세계에서 유일한 분단국가에 살면서 분단의 현장인 그 땅을 밟으며 기도를 드리는 것은 외면해서는 안 될 일로 여겨졌다. 가까운 이들이 산티아고로 길을 떠날 때도 내게는 DMZ가 우선으로 남아 있었다. 나라와 민족을 위한 기도를 예배당에서 드릴 수 있지만, 그 길을 걸으며 드리는 기도는 다를 것이라 여겼다. 폭염과 폭우 등 감당하기 쉽지 않은 날씨와 싸우며 한 마리 벌레처럼 열하루 홀로 그 길을 걸어갔다.

걸으며 가장 많이 눈에 띈 것은 철조망이었다. 철조망에는 역삼각형 붉은색 표지판에 적힌 '지뢰'라는 경고문이 끝없이 달려 있었다. 심지어는 자전거 전용도로 바로 옆으로도, 마치 자전거와 함께 달리는 듯 철조망도 달리고 있었다. 흔하게 눈에 띄는 군부대와 지축을 울리며 지나가는 탱크 등, 우리의 허리 상태가 어떤 것인지를 알려주는 표지들이 흔할 만큼 많았다.

길을 걸으며 가장 많이 떠올랐던 말씀은, 그래서 가장 많이 드렸던 기도는 칼을 쳐서 보습을 만들고 창을 쳐서 낫을 만들게 해달라는 것이었다. 거기에 한 가지를 보냈던 것은 지뢰를 캐낸 자리에 감자와 콩을 심게 해달라는 기도였다. 그럴 수만 있다면 북쪽의 기아문제는 넉넉히 해결될 수 있을 것 같았다. 그만큼 지뢰라는 경고문은 흔했다.

이사야가 꿈꾸었던 그 날이 우리나라만큼 간절한 나라가 어디 흔할까? 전쟁으로 신음하는 나라도 있지만, 긴 시간 동족끼리 총부리를 겨누고 있는 나라는 찾기가 어렵다. 이사야의 꿈이 우리의 꿈이 되기를, 이사야가 바라본 주님의 나라가 허리가 잘린 이 땅 이 나라에서 시작될 수 있기를!

4. 두레박(질문: 말씀을 읽고서 떠오르는 질문)
*칼을 쳐서 보습을, 창을 쳐서 낫을 만들면 어떤 것들이 달라질까?
*DMZ를 평화의 순례 길로 만들 수 는 없는 것일까?

5. 손우물(한 줄 기도: 짧을수록 마음을 담아)
마음속에 있는 칼과 창을 거두어 녹이게 해주십시오.

6. 나비물(말씀의 실천: 생활 속에서 작은 것부터 실천하기)
어둠의 행실을 벗어버리고, 빛의 갑옷 입기.(로마서 13:11-14)

7. 하늘바라기(오늘의 중보기도: 내 기도를 필요로 하는 이들을 기억하며)
아무도 모르는 주님의 시간 앞에 이 땅의 교회가 깨어 있게 하소서.(마태복음 24:36-44)

8. 도래샘(삶 돌아보기: 여유 있는 마음으로 내 삶을 바라보기)

주님이 우리 편이 아니셨다면

1. 오늘의 성서일과 시편 124
창세기 8:1-19
로마서 6:1-11

2. 꽃물(말씀 새기기: 오늘의 말씀 중 가장 의미 있게 다가온 말씀)

이스라엘아, 대답해 보아라. 주님께서 우리 편이 아니셨다면, 우리가 어떠하였겠느냐?(시편 124:1)

3. 마중물(말씀 묵상: 말씀을 묵상한 내용)

어떤 질문을 하는가도 중요하지만, 질문을 어떻게 하는가도 중요하다. 두 수도자가 수도원장에게 각각 물었다. 첫 번째 수도자가 말했다. "기도하면서 담배를 피워도 되는지요?" 수도원장은 깜짝 놀라 대답을 했다. "그걸 말이라고 하오? 그건 신성을 모독하는 일이요."

두 번째 수도자가 물었다. "담배를 피우면서도 기도를 해도 되는지요?" 그러자 수도원장은 너그러운 말투로 대답했다. "물론이지요. 기도는 언제라도 드릴 수 있으니까요."

다윗의 시로, 성전에 올라가는 순례자의 노래로 알려진 시편 124편은 하나의 질문으로 시작을 한다. "이스라엘아, 대답해 보아라. 주님께서 우리 편이 아니셨다면, 우리가 어떠하였겠느냐?" 중요한 질문이다. 걸음을 멈추고 숨을 들이마시고서야 대답을 할 수 있는 질문이다.

이어지는 대답이 질문자의 회상일지, 질문을 받은 회중의 대답일지는 모르지만 몇 가지 대답이 이어진다. "주님께서 우리 편이 아니셨다면, 원수들이 우리를 치러 일어났을 때에 원수들이 우리에게 큰 분노를 터뜨려서, 우리를 산 채로 집어삼켰을 것이며, 물이 우리를 덮어, 홍수가 우리를 휩쓸어 갔을 것이며, 넘치는 물결이 우리의 영혼을 삼키고 말았을 것이다."

그렇게 대답을 하고 나니 당연하다는 듯이 감사와 찬송이 이어진다. "우리를 원수의 이에 찢길 먹이가 되지 않게 하신 주님을 찬송하여라. 새가 사냥꾼의 그물에서 벗어남같이 우리는 목숨을 건졌다. 그물은 찢어지고, 우리는 풀려났다. 천지를 지으신 주님이 우리를 도우신다."

"주님께서 우리 편이 아니셨다면, 우리가 어떠하였겠느냐?" 우리가 그 질문 앞에 선다면 대답할 말이 얼마나 많을까? 얼마나 많은 순간들이 떠오를까? 가정도 마찬가지고, 교회도 마찬가지고, 나라도 마찬가지일 것이다. 너무 쉽게 원망이나 불평을 쏟아놓을 것이 아니라 하나의 질문 앞에 설 일이다. 그리고는 마치 하나님이 물으신 듯 대답할 일이다.

4. 두레박(질문: 말씀을 읽고서 떠오르는 질문)

*주님께서 우리 편이 아니셨다면 우리가 어떠하였겠느냐 라는 질문 앞에 내가 대답할 말은?

*지난 시간을 어떻게 바라보느냐에 따라 감사와 원망이 나뉘는 것 아닐까?

5. 손우물(한 줄 기도: 짧을수록 마음을 담아)

주님의 은혜 앞에서 내 삶을 돌아보고 싶습니다.

6. 나비물(말씀의 실천: 생활 속에서 작은 것부터 실천하기)

하나님의 시간을 기다리기.(창세기 8:1-19)

7. 하늘바라기 (오늘의 중보기도: 내 기도를 필요로 하는 이들을 기억하며)

그리스도와 함께 죽어 그리스도와 함께 사는, 이 땅 그리스도인이 되게 하소서.(로마서 6:1-11)

8. 도래샘(삶 돌아보기: 여유 있는 마음으로 내 삶을 바라보기)

우리가 없이는

1. 오늘의 성서일과
시편 124
창세기 9:1-17
히브리서 11:32-40

2. 꽃물(말씀 새기기: 오늘의 말씀 중 가장 의미 있게 다가온 말씀)
하나님께서 우리를 위하여 더 좋은 계획을 미리 세워두셔서, 우리가 없이는 그들
이 완성에 이르지 못하게 하신 것입니다.(히브리서 11:40)

3. 마중물(말씀 묵상: 말씀을 묵상한 내용)
독일에서 목회를 하던 시절, 멀리서 손님이 오면 즐겨 찾았던 것 중에 로텐부르
크가 있다. 프랑크푸르트에서 멀지 않은 곳에 자리 잡은 그림처럼 여겨지는 작은
도시이다. 여러 차례 전쟁을 경험했던 독일에서 성곽까지 남아 있는 몇 안 되는
도시인데, 중세 시대의 모습을 그대로 간직하고 있다. 고풍스럽다는 말의 의미를
실감할 수 있는 도시다.

화사한 꽃들로 장식된 아기자기한 집들, 눈길과 걸음을 붙잡는 기념품 가게들,
언제부턴가 시간이 멈춰버린 듯한 골목길, 아날로그 느낌이 물씬 풍기는 성벽과
난간, 역사적인 성당, 맛있는 소시지와 빵 등 볼거리가 가득하다. 중세라는 시대
로 시간 여행을 하는 즐거움을 누릴 수가 있다. 무엇보다 인기를 끄는 것이 크리
스마스 관련 상품이다. 크리스마스 상품을 연중 취급하고 있는 대형 마켓이 있
어, 그곳에 들어가면 지갑을 단속하기가 어려울 정도이다.

그런 로텐부르크에 조금은 낯설게 여겨지는 박물관이 있다. 「중세 범죄박물관」
이다. 보는 것만으로도 끔찍한, 사람의 상상력이 이렇게도 풍부할까 싶을 만큼
평범한 생각을 뛰어넘는 고문기구들이 즐비하게 전시되어 있다. 고문에 관해 어
떤 것을 상상하더라도 그곳에 전시되어 있는 것은 상상 이상일 것이다. 수다를
떨고 터무니없는 소문을 퍼뜨린 죄인에게 씌워지는 '잔소리꾼의 굴레'와 만취해
폐를 끼친 주정뱅이를 통 안에 집어넣어 언덕길에서 굴리는 '주정뱅이의 통'은
차라리 유머로 여겨질 정도이다.

그 모든 고통을 당한 이들이 있다. 바로 그리스도인들이다. 고문, 조롱, 채찍질, 결박, 투옥, 돌로 맞고, 톱질을 당하고, 칼에 맞아 죽기도 하고, 양과 염소의 가죽을 입고 떠돌기도 했다. 하지만 그들은 그 모든 고난을 믿음과 바꾸지 않았다.

순교자의 믿음은 우리를 통해서 완성이 된다. 그들의 순교가 당시에는 헛된 것으로 보였겠지만, 그들이 있었기에 우리는 환난 중에도 믿음을 지킬 수가 있게 되었다. 우리가 온전히 믿음을 지킬 때 순교자들은 비로소 우리와 함께 영광의 면류관을 쓰게 될 것이다. 오늘 우리의 믿음은 순교자의 희생이 헛된 것이 아니라는 것을 증명하는 것이어야 한다.

4. 두레박(질문: 말씀을 읽고서 떠오르는 질문)

*우리가 없이는 순교자들이 완성에 이르지 못하게 하신 것이라는 문장의 정확한 뜻은 무엇일까?

*오늘 우리에게 순교는 어떤 의미를 가진 일일까?

5. 손우물(한 줄 기도: 짧을수록 마음을 담아)

주님을 위한 희생과 손해를 두려워하지 않게 해주십시오.

6. 나비물(말씀의 실천: 생활 속에서 작은 것부터 실천하기)

양과 염소의 가죽을 입고도 견디기.(히브리서 11:32-40)

7. 하늘바라기(오늘의 중보기도: 내 기도를 필요로 하는 이들을 기억하며)

결혼과 출산을 주저하는 이 시대에, 생육하고 번성할 수 있는 여건을 허락해 주소서.(창 9:1-17)

8. 도래샘(삶 돌아보기: 여유 있는 마음으로 내 삶을 바라보기)

믿음의 물구나무서기

1. 오늘의 성서일과
시편 124
이사야 54:1-10
마태복음 24:23-35

2. 꽃물(말씀 새기기: 오늘의 말씀 중 가장 의미 있게 다가온 말씀)

너의 장막 터를 넓혀라. 장막의 휘장을 아끼지 말고 펴라. 너의 장막 줄을 길게 늘이고 말뚝을 단단히 박아라.(이사야 54:2)

3. 마중물(말씀 묵상: 말씀을 묵상한 내용)

지구상에서 가장 악조건을 가진 지역 중 나미브 사막이 있다. 일 년에 비가 단 며칠간만 올 뿐 거의 내리지 않고 한낮의 기온은 70도까지 오른다고 한다. '나미브'라는 말은 그 지역 부족 말로 '아무것도 없는 땅'이라는 뜻이라고 한다. 하지만 나미브 사막에서도 동식물들이 살아가는데, 나미브 거저리도 그중의 하나다. 거저리는 밤이 되면 사막의 모래 언덕 꼭대기로 기어 올라간다. 밤새 기어 올라간 뒤 바다 쪽에서 불어오는 바람을 기다린다. 마침내 안개를 실은 바람이 불어오면 거저리는 바람이 불어오는 쪽으로 물구나무서기를 한다. 그러면 안개 속에 담긴 수분이 조금씩 몸에 모이게 되는데, 모인 수분이 물방울로 흘러내리면 입으로 마실 수가 있는 것이다. 최악의 조건을 가진 나미브 사막에서도 자기만의 방식으로 살아가는 작은 벌레 거저리의 모습이야말로 오늘 우리가 배워야 할 지혜 아닐까 싶다. 목이 마를수록, 물기를 찾을 수 없을수록 우리에게는 간절함과 겸손함이 필요하다. 밤새 모래언덕을 기어 올라가는 간절함과, 거꾸로 물구나무서기를 하는 겸손함 말이다. 나미브 사막에서도 생명을 지키시는 주님께서 지금 우리가 지나고 있는 사막과 같은 시간도 지켜주실 것이다.

"너의 장막 터를 넓혀라. 장막의 휘장을 아끼지 말고 펴라. 너의 장막 줄을 길게 늘이고 말뚝을 단단히 박아라."는 말은 쓸모없는 말로 들렸을 것이다. 지금 예루살렘의 형편이 그럴 형편이 아니기 때문이다. 성은 파괴가 되고 사람들은 뿔뿔이 흩어졌는데, 장막 터를 넓히고 장막의 휘장을 아끼지 말고 펼 까닭이 무엇이겠는가? "네가 좌우로 퍼져 나가고, 너의 자손이 이방 나라들을 차지할 것이며, 황폐한 성읍들마다 주민들이 가득할 것이다."라는 말은 더욱 그랬을 것이다. 목숨을 부지하기도 쉽지 않은 터에 좌우로 퍼져 나가다니, 나라를 빼앗긴 마당에 자손이 이방 나라들을 차지할 거라니, 불 타 무너진 채 텅 빈 성읍마다 주민들이 가득할 거라니, 이런 허황된 말이 어디 있는가 하지 않았을까? 희망은 하나님께로부터 온다. 하나님 말씀만이 물기를 실어 나르는 안개요 바람이다. 황폐해진 상황 위로 들려오는 하나님의 말씀에 귀를 기울일 때 안개 속에 담긴 물기가 우리를 살릴 것이다. 오늘 우리에게 필요한 것은 믿음의 물구나무서기이다.

4. 두레박(질문: 말씀을 읽고서 떠오르는 질문)

*황폐한 현실 속에 장막 터를 넓히고 장막의 휘장을 아끼지 말고 펴는 것은 어리석은 일 아닐까?
*누군가 이 말씀을 예배당을 크게 지으라는 주님의 뜻으로 받아들이지는 않을까?

5. 손우물(한 줄 기도: 짧을수록 마음을 담아)

나의 희망을 주님께 두고, 믿음의 물구나무서기를 하게 해주십시오.

6. 나비물(말씀의 실천: 생활 속에서 작은 것부터 실천하기)

나를 가엾게 여기시는 주님을 끝까지 신뢰하기.(이사야 54:1-10)

7. 하늘바라기(오늘의 중보기도: 내 기도를 필요로 하는 이들을 기억하며)

거짓 그리스도가 광야에 계신다 해도 나가지 말고, 그리스도가 골방에 계신다 해도 믿지 말게 하소서.(마태복음 24:23-35)

8. 도래샘(삶 돌아보기: 여유 있는 마음으로 내 삶을 바라보기)

"성서는 우리의 참모습을 비춰 보여주는 그분의 눈동자이
고, 우리를 부르시는 그분의 입시울이다. 우리를 보듬는 그
분의 따스한 손길이다. 호호탕탕하게 밝은 앞날을 자신있게
나아가는 사람보다 병고와 좌절, 소외와 슬픔의 골짜기에
있었던 이들이 이러한 말씀의 힘을 더 민감하게 느꼈던 것
은 그들에게 닥친 환난이 그들의 눈에서 흰막을 벗겨내었기
때문인지 모른다."

"성서에는 인간이 겪을 수 있는 온갖 종류의 비극과 절망, 희망과 재기, 갈등과 화해, 원한과 용서가 있다. 영광과 파멸, 배신과 우정, 전쟁과 평화, 타락과 공의, 탄압과 저항, 외로움과 사랑, 만남과 헤어짐, 위장과 생존, 약탈과 복수, 순결과 변질이 있다. 그리고 삶과 죽음에 얽힌 사연들이 녹아 있다. 그리고 이 사연에 얽힌 아픔과 기쁨들이 하나님의 영혼과 결합하여 인간을 바로 세우는 섭리의 흐름을 증언해주고 있다. 이 대하드라마가 담아내는 인간의 모습이 수천 년을 두고 영적 고뇌와 묵상 가운데서 삭고 삭아져서 역사의 풍파에 마모되지 않는 정수(精髓)만이 남아 인간의 심령을 치고, 일깨우며 하나님의 기르심으로 이어지는 통로가 되면서 성서는 사람들의 생명을 구하는 힘을 발휘하게 된 것이다."

"하나님의 말씀이 지닌 부요를 누가 다 이해할 수 있겠는가? 우리는 샘에서 물을 마시는 목마른 사슴처럼 말씀에서 마시는 분량보다 거기다 남겨두는 것이 훨씬 많음을 고백하는 사람들이다. 그러기에 성서는 말씀을 묵상하는 사람들이 갖고 있는 많은 견해와 상황에 따라 여러 가닥의 의미를 지니고 있다. 주님은 당신의 말씀을 여러 색깔로 채색하시어 그 말씀을 고찰하는 사람마다 그 안에서 주시고자 하는 말씀을 볼 수 있게 하신다. 우리가 주님의 말씀을 묵상할 때 거기서 풍성하게 찾을 수 있도록 주님은 그 안에 많은 보화를 숨겨 놓으셨다."

"나의 길은 너의 길과 다르다"고 하셨듯이 하나님께서는 언제나 우리에게 '파격'(破格)으로 다가오신다. 예기치 않은 각도에서 날아드는 화살처럼 우리들의 영혼을 찌르셔서 '전환(轉換)과 전복(顚覆)의 역설적 논리'로 우리가 이제껏 안심하고 디뎌왔던 대지를 뒤엎어 새 기초를 세우신다. 그러므로 우리는 성서 앞에서 결코 안심하고 있을 수 없다. 나의 믿음과 생각, 그리고 결론을 지지해주고 증명해주는 책이라는 안이한 생각에서 그 반대의 관점으로 이동해야 한다. 나는 언제나 성서 앞에서 처음 서 있는 자이며, 어떤 결론에 직면하게 되는지 전혀 알 수 없는 자가 되어야 한다. 그리하여 성서읽기는 전에 들어보지 못했던 음성을 난생 처음으로 듣는 기회이며, 전에 보지 못했던 장면을 자신의 생애에 최초로 목격하게 되는 사건으로서의 의미를 가져야 한다."

여기에 물이 있다 2
—
초판 1쇄 발행 2022년 9월 1일

지은이 한희철
펴낸이 한종호
펴낸곳 꽃자리
디자인 임현주
인쇄·제작 영프린팅

출판등록 2012년 12월 13일
주소 경기도 의왕시 백운중앙로 45, 207동 503호(학의동, 효성해링턴플레이스)
전자우편 amabi@hanmail.net
블로그 http://fzari.tistory.com

—
ISBN 979-11-86910-41-2 03230
값 10,000원